伟大的思想
GREAT IDEAS

19

一个英国瘾君子的自白
CONFESSIONS OF AN ENGLISH OPIUM EATER

〔英〕托马斯·德·昆西 著
高 焓 译

商务印书馆
The Commercial Press

CONFESSIONS OF AN ENGLISH OPIUM EATER
by Thomas De Quincey
Selection copyright © Penguin Books Ltd
Cover artwork © David Pearson
Simplified Chinese edition copyright © 2023 by The Commercial
Press in association with Penguin Random House North Asia.
All rights reserved.

 "企鹅"及相关标识是企鹅兰登已经注册或尚未注册的商标。未经允许,不得擅用。
封底凡无企鹅防伪标识者均属未经授权之非法版本。

涵芬楼文化 出品

译者序

托马斯·德·昆西（Thomas De Quincey，1785—1859年）是英国散文家和文学批评家。1785年8月15日，德·昆西出生于曼彻斯特的一个商人家庭，中学时代擅长希腊语和拉丁语，但因其早慧与敏感而与家人较为疏远。1802年，17岁的他逃离寄宿学校，在威尔士和伦敦等地流浪，后与家人和好，1803年进入牛津大学，立志成为“人类的智识布施者”。在牛津大学就读时，他广泛阅读，后来的写作涉及历史、生物学、经济学、心理学及德国形而上学等诸多领域。1817年他与玛格丽特·辛普森结婚，二人感情甚笃并育有一子。1826年他迁居到苏格兰爱丁堡，1837年妻子去世后日渐孤独，变得性情乖僻，1859年12月8日去世。

德·昆西的散文富于幻想和感情，注重辞藻和音乐性，常常有意识地模仿17世纪早期英国散文家的风格，是英国浪漫主义运动的主要文学批评家之一。他和浪漫主义诗人华兹华斯、柯勒律治过从甚密，1809—1833年还断断续续地租住在华兹华斯的旧居。尽管德·昆西笔耕不辍，但出版的作品却很少，因此家境每况愈下，直到1821年，《一个英国瘾君子的自白》（以下简称《自白》）分为两期发表在《伦敦杂志》，他才一举成名。1822年《自白》成书再版，并添加了附录。该书从德·昆西少年时期染上鸦片瘾的经历写起，详细描述了吸食鸦片之后所体验的种种快美而极抽象的幻觉，以及随之而来挥之不去的噩梦。1856年，他借出版文集的契机重写了《自白》，加入了之前在《布莱克伍德杂志》上发表的描写鸦片幻梦的《来自深处的叹息》（*Suspiria de Profundis*）。但由于早期吸食鸦片后所做的许多记录的遗失，他只得用童年及少年的经历来扩充篇幅，而这一版《自白》的语言也流于艰涩乃至啰唆冗长。

《自白》分为《最初的自白》《关于鸦片之痛苦的介绍》及《鸦片的痛苦》三个部分，全书开头另有一段"致读者"。在"致读者"中，德·昆西直言他这本书"不仅有趣，更是相当有用和有教益的"，因为英国人往往是不愿自揭伤疤于人前的，而他甘冒不韪，是为了以其亲身经历让人们了解鸦片的危害。"最初的自白"又分为三节，分别讲述了他的中学寄宿生活及之后在威尔士和伦敦的流浪生活、多年之后他对那段时光的追忆，以及他早期吸食鸦片的体验。德·昆西天资聪颖但父亲早亡，中学时就因其卓越的古典素养而鹤立鸡群，几位监护人与他就何时入读大学产生了意见分歧，于是他设法借钱并逃离学校，开始了流浪生活。他先是到了威尔士，后又辗转来到伦敦。借来的钱花光之后，他过着穷困潦倒的生活，在相当长的一段时间里只能以面包屑充饥。在伦敦时，他最珍贵的回忆莫过于和一位名叫安的妓女结下了深厚的情谊——当他身体不适几乎毙命时，安倾其所有，救了他一命。但后来德·昆西为了筹钱不得不离开伦敦，他和安约定了再见的地点，但等他再回到伦敦时安却已不知所踪，从此二人天各一方、抱憾终生。1804年，他因面部神经痛而第一次吸食鸦片，鸦片平息了他的病痛，但是也带来了相当大的副作用，自此他的人生便与这种药品纠缠在一起。《关于鸦片之痛苦的介绍》讲述了作者1812年前后在山中隐居的日子。自第一次以来，八年间他一直在断断续续地吸食鸦片，到1813年，他已经成为每天都必须抽鸦片的"不折不扣的瘾君子"。那一年大概是他人生中最后的快乐时光了，他的身体感觉良好，头脑清醒，甚至又可以开始阅读康德的著作，但接下来的三年半，宁静、希望和安眠都远离了他。长期吸食鸦片使他陷入了"鸦片的痛苦"之中，他的脑力变得迟钝，几乎无法读书，这一部分的记叙也是根据当时零碎的笔记写成的。那时，他每天晚上都无法安睡，会在黑暗中目睹种种奇绝而又可怖的景象：无数幽灵飘过，那些他经历过、阅读过、幻想过的形象扭曲着出现又消失，耳边充斥着如海潮般的怒吼；四周的空间里，奇异的建筑会突然出现又深深沉落；海面铺满人的脸孔，一如他曾见的人潮汹涌的伦敦街头；来自东方的神秘力量也在塑造着他的幻景，丛林恶兽、沼泽烂泥对他穷追不舍，让他惊慌恐惧；音乐也不再悦耳，成为种种幻影背后的噪声。后来，因为某种契机，他决定"就算要死，也要死在戒鸦片的路上"，最终经过艰苦的努力，成功地将鸦片戒除，这才得以回顾往事，写出这本经典之作。

德·昆西从19岁开始吸食第一口鸦片，成瘾之后不断增加剂量，痛苦也不断加深。尽管他声称鸦片是"快乐的秘密"，但也不得不承认它是"来自坟墓的愉悦"，"没有人可以在长期和鸦片打交道之后还笑得出来"。《自白》是德·昆西文学技巧的结晶，更是他作为瘾君子的经验教训和心声："如果鸦片吸食者读完这本书学会了害怕和战栗，那效果就达到了。"作为读者，我们在欣赏作品的同时，更应体察作者的良苦用心，爱惜自己，远离毒品，追求身体、精神和心灵的全面健康。

《自白》的篇幅不长，但语言繁复优美、幻梦诡谲华丽、情感细腻真挚，使之成为英国文学中经久不衰的杰作。在翻译此书的过程中，最令我感到苦恼的就是层出不穷的复杂长句。德·昆西不愧是英语文体大师，他擅长用许多补充、解释、对比与转折将他要表达的意思塑造成一个全面而精巧的整体，再用许多分号乃至冒号将各部分连接在一起（我在译文中保留了相当一部分这种奇特的冒号用法）。此外，我也尽力在翻译中保留原文那种古雅繁复的美感，为此不得不舍弃了简洁明快的行文方式。这也许会给阅读带来一定挑战,不过这也正是我们在阅读原文那些如波涛一般滚滚而来的词句时所面临的挑战,希望读者们能从这种挑战中感受到阅读的乐趣。

高 烩

➻ **目 录**

最初的自白 7
关于鸦片之痛苦的介绍 77
鸦片的痛苦 97

致读者。——尊敬的读者，在此，我谨向您呈上我生命中一段奇异经历的记录：根据我的写法，我相信这段记录将不仅有趣，更是相当有用和有教益的。正是怀着**这种希冀**，我写下这篇文字；我也要**为此**致歉，因为我们原本常因一种矜持而避免将自己的错误和软弱公之于众，而我的记录破坏了那种精巧而可敬的矜持。的确，最令英国人感到不快的，莫过于一个人把他道德上的坏疽或伤疤强行展示给我们看，并把时间或是对人性弱点的宽容为那伤疤覆上的"体面布料"一把扯下。于是，**我们的**自白中的一大部分（这里指的是自发的、法律外的自白）都来自娼妓、冒险者或是骗子；而那些可称之为体面且自尊的社会群体的自我羞辱行为，则必须到法国文学中去寻找，或是到德国人的某些作品中去寻找，因为他们有时会被法国人那种谬误而有缺陷的情感所影响。我深知上述情况，并对要违背这一原则而深感不安，因此数月之间，我犹豫着，在我死前是否应让我的记叙中的这一部分，或任何一部分与公众相见（出于各种原因，我的全部作品将会在我死后发表）。我最终写下这些文字，确是在焦虑着权衡利弊之后方才决定的。

出于天性，负罪感和不幸会避免让自己受到大家的注意：它们追求私密与独处；即使是要选择一方墓地，它们有时也会将自己与教堂庭院墓地中的大众隔离开来，似乎要谢绝与人类大家庭的亲缘关系，而希望着（用华兹华斯先生那动人的语言来说）

——谦卑地表达
一种悔悟的孤独。

一般来说，也是为了我们大家的利益来说，本应如此：我个人并不愿意漠视如此有益的情感，也不愿以任何言行将其弱化。但是，一方面，我的自我谴责并不等同于认罪;另一方面,即使它等同于认罪,它给其他人带来的好处,从付出如此沉重代价而获得的经验记录中得来的好处,也或许可以弥补其对上述情感所造成的损害——虽然这双方是极不对等的——并成为我违反一般规定的正当理由。软弱和不幸并不意味着罪责。它们依据犯事者可能的动机和前景,以及对所犯行为的或明或暗的缓和,来接近或远离那黑暗同盟的阴影:依据诱惑是否从一开始就强有力,而对诱惑的抵制,无论成功与否,是否到最后一刻都是真诚的。就我而言,扪心自问,我可以说我的生活从大体上来讲是一种哲学家的生活:从出生开始我就是一个智识的造物——我的追求与愉悦在于最高层次的智识,即便在我的学童时代也是如此。如果说吸食鸦片是一种肉体愉悦,如果我必须承认我曾过度沉溺于这种愉悦,沉溺到一种尚未有他人相关*记录*的程度[1],同样真实的还有,我曾以一种宗教般的激情来对抗这种沉迷,最终也成功地做到了我尚未听说有其他人做到的事——将

---

[1] 我说"尚未有记录":因为当今有一位名人,如果关于他的说法为真,那么他所吸食的鸦片量将大大超过我的。——原注[本书注释均为原注,后不另注]

束缚我的那受诅咒的锁链几乎完全解开。如此的自我征服可以合理地抵消任何程度的自我放纵，更遑论这一自我征服是毫无疑问的，而所谓自我放纵倒是可以诡辩怀疑一番，比如"放纵"一词是应扩展到单纯消除痛苦的行为上，还是应限制在追求欢愉刺激的行为上。

因此，我并不承认负罪感；不过即使我承认有负罪感，考虑到对整个吸食鸦片者群体的益处，我还是可以继续自白。但这个群体都有谁？读者们，我很遗憾地告诉你们，这确实是一个数量庞大的群体。几年前，通过计算英国社会里一个小小阶层中（这是以才华或显著地位而闻名的一群人）我所知的直接或间接的鸦片吸食者，我确信了这一点；比如，雄辩而仁慈的××、××的前主任、××阁下、哲学家××先生、一位前副大臣（他用来向我描述初次让他沉迷鸦片的那种感觉的词语和××的前主任用的词语一模一样，"他觉得好像有老鼠在啮咬并磨损着他胃部的表皮"）、××先生，以及其他许多同样有名望的人，在此不一一赘述。如果一个相较而言数量如此有限的群体里都有这么多例（这还仅仅是一名受调查者的所知范围），我们自然可以推断，整个英国人口中将有一个成相应比例的巨大数目。我对这一推断的可信性还曾有些怀疑,直到我得知了一些事实,这些事实让我知道我的推断是正确的。在这里我说两点:第一,伦敦城里有三位德高望重的药剂师,他们分别住在距离较远的不同街区,最近我恰好从他们那里购入了小剂量的鸦片,他们使我确信,如今*业余的*(如果我可以这么说的话)鸦片吸食者数量惊人。而要将这些因习惯而吸食鸦片的人同那些想要通过吸食鸦片自杀的人区分开来,也总是给他们带来一些麻烦。这一条证据只和伦敦相关。但是,第二(这一点可能会更让读者感到惊讶),几年前经过曼彻斯特的时候,几个棉花业从业者告诉我,他们的工人正在迅速养成吸食鸦片的习惯;这一现象非常广泛,以至于每到周六下午,药剂师的柜台上就会摆满1、2或3格令的鸦片,以便应对夜晚的客流。导致这一现象的直接条件是低微的薪资,因为工人们没法儿用酒精来放纵自己:你可能会猜想,假如工资涨了,他们也许就不会吸食鸦片了:但我不相信任何人在享受到鸦片的绝妙滋味后能再回到酒精那粗糙而平凡的乐趣中,理所当然地:

> 现在吃着的，以前没吃过；
> 一直在吃的，如今吃更多。

鸦片具有令人着迷的魔力，即便它最大的敌人——医学作者也不得不承认这一点：比如，格林尼治医院的药剂师奥希特在1763年发表了论文《论鸦片的效用》，在试着说明为何米德没能充分地解释这一药物的特性和对抗剂等内容时，奥希特使用了下面这些神秘的词语（φωνᾶντα συνετῖσι〔即"吸引智者的"〕）："也许他认为这一话题太纤细微妙，没法儿用普通语言描述；加之很多人可能不加区别地使用这种药物，而不再怀有必要的畏惧和谨慎，这种畏惧和谨慎本可以防止人们去体验鸦片的巨大力量：**因为众所周知，它有许多特性会令人上瘾，会让我们越来越离不开它，比土耳其人更甚。**"他又补充道："这一知识肯定会造成普遍的不幸。"我并不完全同意这一结论的必然性，不过对于这一点，我将在自白的结尾处进行说明，那时我也将向读者阐明这部作品的道德寓意。

➻ 最初的自白

第一部分

以下最初的自白，或曰介绍性陈述，是有关作者年轻时种种的冒险，这些冒险为他后来吸食鸦片的习惯打下了基础。这样把前提写明是合理的，原因有三：

第一，我们应预先提出问题，并给出一个令人满意的答案，否则在自白的过程中这个麻烦的问题就会自己冒出来："一个有理智的人怎么会让自己落到这样痛苦的轭缚之下，自觉自愿地招致如此卑屈的奴役，明知是七重锁链却要把自己禁锢起来呢？"如果不能好好地解释这个问题，读者将愤慨于这一荒唐愚蠢的行为，那么作者所希冀得到的同情也就很难不受到妨碍了。

第二，此举可以提供一把钥匙，打开通往一片广阔风景的门，后来我的梦境里满是这一片景色。

第三，在自白内容之外，为自白的主题带来一些个人化的先遣趣味，会让自白变得更有趣。如果一个总是谈论牛的人开始吸食鸦片了，那么极有可能他的梦里（如果他不是无趣到连梦都不做的话）也会有牛；而读者可能会发现，一位吹嘘自己是哲学家的吸食鸦片者的幻景也会和他的性格相符：

与人相关的事，都与他相关。

（Humani nihil a se alienum putat.）

因为在那些他认为和哲学家这一名号息息相关的条件里，除了出众的智力分析能力之外（在这一点上，好几代英国人都乏善可陈。至少，除了塞缪尔·泰勒·柯勒律治以及最近在更狭窄的思想领域里颇负盛名的大卫·里卡多之外[1]，他想不出还有哪位可被强调为"一位明敏的思想家"了），还包括道德能力的构成，使他得以洞察人类天性的奥秘。简而言之，在此种能力构成上，（在地球上将其应用于生活的世世代代的人之中）英国诗人们具有最高水平——而苏格兰[2]教授们最低。

常常有人问我是怎么染上鸦片瘾的；我也受到熟人们的不公评价，他们认为我为了寻求一种人为的愉悦刺激而长期放纵自己，因此我受苦完全是自找的。但这是对我的误解。的确，在近十年的时间里，我偶尔因为其绝妙愉悦而吸食鸦片，但是从这个角度来说，我实际上并未导致任何负面结果，因为为了保证每次愉悦感的质量，我的放纵行为之间

---

[1] 也许还能加上第三个例外，但我没有加上他，主要是因为这位作者只在青少年时期明确讨论过哲学话题，成年之后将主要精力转移到批评和美术上了（以当前英国大众思想的方向来说，这一决定是非常情有可原且明智的）。除了这一理由，我也怀疑，比起"明敏的思想家"（a subtle thinker）来，他本人也许更希望被看作一位"敏锐的思想家"（an acute thinker）。此外，他未曾受过规范的学校教育，这一点也不利于他在哲学领域取得更大的成就：他不仅在青少年时期未曾读过柏拉图（这只能说是他的不幸），成年之后也没有读过康德（这就是他的不对了）。

[2] 我并不特指任何在世的教授，这样的教授我也只认识一位。

总是有着相当长的间隔。我最初把鸦片纳入每日饮食并不是为了追求愉悦，而是为了缓解严重的疼痛。在我28岁那年，严重的胃部感染让我剧痛无比，而我在10年之前就已有类似经历了。这种感染一开始是由于我童年时期经历的极度饥饿导致的，随后它蛰伏在那充满希望与冗长欢乐的岁月里（也就是18岁到24岁）；在接下来的3年里间或发作，而如今，由于环境恶化、精神低落，它再次袭来，疼痛之剧烈除了鸦片之外别无解药。这种导致我胃部紊乱的青年时代的苦难以及与之相伴的环境都具有一定的趣味，所以我想在这里做一些简要回顾。

　　在我大约7岁时，父亲去世了，于是我被交到4位监护人手上。我上过大大小小的学校，我的古典素养，尤其是丰富的希腊语知识使我很早就在同学中鹤立鸡群。13岁时，我已可将希腊语信手拈来；及至15岁，我对这门语言的掌握已经炉火纯青，不仅可以写出符合格律的希腊语诗歌，还能从容不迫地用流利的希腊语进行交谈——我后来再也没在同时代的其他学者身上发现过这种能力。而我之所以有此能力，是因为我每天阅读报纸时都会进行一项练习，那就是尽我所能地即兴将其用希腊语表达出来：这项练习需要我绞尽脑汁去回忆或创造，用各种迂回委婉的表达法及其组合来描述现代的思想、形象以及事物的关系，等等。这项练习使我获得了遣词造句的一套方法，而那种无趣的道德文章翻译之类的练习是不可能达到这种效果的。我的一位老师在和不认识我的人聊起我时说："那个孩子对一群雅典人高谈阔论的水平比你我对英国人演讲的水平还高。"这位不吝溢美之词的老师是一名成熟而优秀的学者，也是所有老师里我最为敬爱的一位。遗憾的是（后来我也得知，这位老师对此也感到十分愤慨），后来我被转到其他人的监护之下：先是一个笨蛋，他无时无刻不在担心我会暴露他的无知；后来是一位受人尊敬的学者，他是一所历史悠久的优秀学校的校长。这位受牛津大学××学院任命的先生是一位明智又结实的学者，但是（就像我认识的那所学院的大多数人一样）粗野、笨拙，缺乏优雅。在我看来，他所展现出的特质与我最喜欢的那位老师身上那伊顿公学的光辉气度形成了鲜明而可怜的对比。此外，我也频繁地发现他在理解力上的贫乏。无论是在知识方面还是智力方面，一个孩子发现自己比他的老师远为优秀，这并不是一件好事。而仅就知识而言，这并不是我一个人遇到的情况：有两个男孩儿和我一起进行"第一范式"的写作，尽管他们并不是比校长更优雅的学者或是更习惯于附庸风雅，但他们的希腊语水平的确比校长要高。我还记得，刚进校的时候我们读索福克勒斯，对我们这个追寻第一范式的三人小组来说，每当见到我们的"首席教育官"（他喜欢我们这么叫他）连哄带骗地教课、布置一串常规的词汇语法练习来解决他在合唱段落中遇到的难点，我们就感到胜利的喜悦。而我们自己则从不纡尊打开课本，等到他叫我们上讲台，我们就会在他的假发或别的什么重要东西上写下几行讽刺诗。我的两位同学很穷，他们未来上大学的机会全仰赖校长推荐，而我继承的遗产足以支持我上大学，我希望立马就被送到大学去。我就此事向我的监护人们郑重陈情，但无果。四位监护人中，有一位比其他几位更通情达理，也更通晓世情，但他住得很远。余下三位中的两位把我的事情全权交给第三位负责，而我就要和这一位监护人进行谈判。他是一个值得尊敬的人，但是傲慢又固执，对不同意见绝不宽容。在写了几封信、谈了几次话之后，我明白自己没有希望从监护人这里得到同意或妥协了，因为他要的是无条件服从，于是我开始寻找其他途径。夏天马上就要到来，与此相伴的还有我的17岁生日，那天之后我对自己起誓，我不要再上中学了。我的主要问题是缺钱，因此我给一名位高权重的女士写了一封信，这位女士虽然还很年轻，但是在我幼时就已经与我相识，也一直对我青眼有加，因此我在信中请求她"借"我5个基尼。整整一周我都没有收到回信，当我开始泄气时，终于有一位侍从把一封双层信件塞到我手里，信封的密印上有一个小小的冠冕。回信和蔼又亲切：美丽的女士正在海边，所以没能及时回复，她在信封里装入了两倍于我所借的金额，并且好心地暗示我，就算永远都不还钱也不会坏什么事。这下，我可以开始我的计划了：10个基尼，加上我手上差不多2个基尼的零花钱，似乎可以支持我过上无限长的时间。在那个快乐的年纪，如果不给一个人的能力加上**确定的**限制，希望和欢乐的精神可以将其无限延展。

约翰逊博士所言不虚（而且这句话和他的其他言论不同，十分富有感情），当我们意识到自己是最后一次做某事（那些我们早已习惯去做的事情）时，我们定然会怀着一种悲伤的心情。××——我并不爱这个地方,我在这里也并不开心——但当我要离开时,我仍深深地感受到了这一点。在我永远离开××的那天,古老而高耸的学堂回荡着晚祷的声音,在我耳中最后一次响起。到了夜晚,开始点名,我的名字(一如往常)第一个被叫到,我走上前去,经过站在一旁的校长身边,向他鞠躬,真诚地看着他的脸,心想:"他年迈又虚弱,我今生不会再见到他了。"我想得没错:我确实再没见过他,以后也不会见到了。他得意地看着我,好脾气地笑着,向我回礼(或者说,向我挥别),然后我们永远地分开了(尽管他并不知道)。从智识上我无法尊敬他,但他对我一贯很好,也对我很宽容:所以我为自己即将给他带来的窘迫和屈辱感到悲伤。

清晨来了,它将把我送往这个世界,而随后我的整个生命在许多重要的方面都将染上这个清晨的颜色。我寄居在校长家里,并且一开始就有自己的房间,既是卧室又是书房。三点半时,我从床上起来,深情地凝望着"晨曦装点下"的××古塔,看着它在7月无云的清晨的阳光里渐渐染红。我对自己的目标十分坚定、绝不动摇,但仍为不确定的危险和困难感到焦虑;并且,假如我能预见到即将来临的飓风和就要降临在我身上的可怕雹暴，我完全有理由感到焦虑。清晨的宁静和我的焦虑产生了强烈的对比，在某种程度上变成了一剂良药。这清晨比午夜还要寂静，而对我来说，夏日清晨的寂静比其他所有寂静都更加动人，此时虽然阳光普照，烈如其他季节的正午，但仍和白昼大不相同，皆因人群尚未熙攘；如此，只要人类不以其存在和悸动不安的精神来打扰这圣洁的时刻，自然与万物的宁静似乎都无虑且深远。我穿好衣服，拿着帽子和手套，在房内徘徊了一会儿。在过去的一年半时间，这间房是我的"沉思堡"：在这里，我曾彻夜阅读学习；我的性子本适合爱与柔情，近来却在与监护人的争吵中失去了欢乐幸福，但另一方面，一个极其热爱书本、立志追求智识的孩子仍旧能在整体的沮丧中享受许多欢乐的时光。我一边哭泣，一边环视着房间里的椅子、壁炉、书桌和其他熟悉的东西，我再清楚不过，这是我最后一次看它们了。当我写下这些时，已是18年后了，但直到这一刻，一切历历在目如昨；我能清清楚楚地看到我离别时凝望的种种事物的线条与外表：这是一幅可爱的××的画像，挂在壁炉架上；眼睛和嘴巴如此美丽，面容慈爱而圣洁，光彩照人，作为这守护神的忠实信徒，我曾千万次搁笔凝视他来寻求慰藉。当我还在凝望他时，××钟的深沉音调宣告着，四点钟了。我走到画像跟前，亲吻它，然后轻轻地走出去，永远地关上了门！

这一生中，欢笑和泪水总是交融在一起，每当我回忆起下面这件几乎断送掉我的计划的事情时，总是忍俊不禁。我有一个很重的行李箱，除了衣物之外，里面还装了我几乎所有的书籍。难就难在要把它弄到搬运工那里去：我的房间在楼上，而（雪上加霜的是）连接这间房所在角落的楼梯必须经过一个走廊，走廊则恰好从校长的房间门口经过。家中所有的侍从都很喜欢我，我知道他们都会替我掩护、帮我保密，所以我把自己的窘境告诉了校长的一位男仆。他发誓会按我的指示行动，等时间到了就走到楼上把箱子拿下来。但我担心一个人搬不动那箱子，但是那位男仆——

> 有着亚特兰蒂斯的宽广肩膀，
> 足以承担最强大君主的重量。

而且他的后背像索尔兹伯里平原那么广阔，所以他坚持要独力把行李箱搬下来，而我则焦急地等待着最终的逃离。有那么一段时间，我听到他迈着缓慢而坚定的步伐从楼梯上走下来，但不幸的是，由于他在靠近那个危险区域时过于紧张，就在离走廊还有几步路的时候，他的脚滑了一下。笨重的箱子从他的肩上掉下来，越往下滚落，速度就越快，等到最终落地后，箱子正好从校长卧室门前滚过，或者说跃过，那声响好比20个魔鬼在乱舞。我的第一个念头就是，全完了；而我唯一的撤退机会就是牺牲我的行李。但是转念一想，我还是决定见机行事。男仆全神贯注地警戒着，既是为他自己，也是为我；但没想到的是，这一荒唐可笑的窘境让他突然发出一阵笑声，那音乐般的笑声悠长又响亮，连以弗所的长眠七圣都能被唤醒。听着这洪亮的欢声，尽管权威受辱的校长近在咫尺，我也忍不住笑了起来：倒不是因为行李箱的不幸事故，而是因为这件事在男仆身上造成的效果。自然而然，我们都等待着××博士从房间里走出来，因为平时就算一只老鼠溜过，他也会像獒犬般从窝里冲出来。但奇怪的是，这一次直到笑声停止，他的房间里都没有传出任何声音，甚至连一丝响动都没有。××博士身有小恙，平日里很难入睡，不过一旦睡着了反而又比一般人更沉。在安静中，男仆渐渐恢复了勇气，他再次搬起行李箱，顺利地走了下来。我一直等着，直到我看着箱子被放到一辆独轮车上，被送到搬运工那里去。然后，"按着天意的指引"，我上路了——手臂下夹着一个包裹，包里装了几件衣服，一边的口袋里装着我最喜欢的英国诗人的诗集，另一边的口袋里则是一本印有欧里庇德斯九部戏剧的小开本书。

起初，出于我的喜爱和一些其他个人理由，我是想去威斯特摩兰郡的，但是一些意外情况使我最终去往了北威尔士。

在登比郡、梅里奥尼思郡和卡那封郡游荡了一段时间后，我在B地一处整洁的居所住了下来。这个农业大区物产丰富，却没有其他市场来消化过剩的产量，因此食品价格相当低廉，所以我本来可以在这里舒舒服服地待上好几个星期。但一件意外又使我踏上了旅途，尽管事主本人可能没有什么恶意。不知道读者们是否注意到了，但我个人确实经常发现，英国最骄傲的群体（或者说其骄傲最为明显的群体）就是各位主教的家人。贵族及其子女的地位从他们的头衔上就能得到充分的体现——不,在英国人听来,这些人的姓氏就足以表明高贵的出身或血统(这一点也适用于许多无衔家族的子女)。萨克维尔、曼纳斯、菲茨罗伊、保莉特、卡文迪许以及许许多多其他姓氏背后都是悠久的历史。这些家族的人无论走到哪里,其地位都能得到应有的承认,除非是对方地位太低微以至于对这个世界知之甚少:"有眼不识泰山,亦证其人无名。"他们的举止带有一种合宜的气度和风范;假如某次他们认为有必要让其他人充分认识到他们的重要性,就会在其后的许多场合以彬彬有礼的屈尊行为去进行弥补调和。而主教的家人们就是另一番景象了:他们要做的事更费劲,那就是让他们的骄傲身份广为人知。贵族家庭里能坐上主教位置的比例在任何时候都不高,而主教的轮换又如此迅速,大众很难一一记住,除非他们的美名在某地广为流传。于是,主教们的子女身上总是带着一种严肃而冷淡的气场,以表明他们的身份不同凡响,言行举止似乎都拒人于千里之外,好像在说"不要碰我",既担心熟人来打招呼,又像个敏感的痛风患者一样瑟缩着,害怕和群众打交道。毫无疑问,强大的理解力或是非凡的善良天性可以让人克服这种弱点，但一般来说，情况是如我所描述的：骄傲，就算不是深深植根于这些家庭里，起码也更多地在他们的举止中表现了出来。这种礼仪精神自然而然地被传递给家庭成员以及其他家眷。我的房东曾经是××主教家中的女仆，或者说是保姆，直到最近才结婚，"安定"（用他们的话来说）下来过日子。在B地这样的小地方，在主教家里生活过这件事本身就够荣耀的了，而我的房东对这一点更是表现出非同一般的骄傲。"我家大人"说过什么啦，"我家大人"做过什么啦，他在国会多么有作为啦，他在牛津多么不可或缺啦，她每天谈论的话题不外乎这些。我对此没有什么意见，因为我脾气很好，不会当面嘲笑别人，我也很可以宽容一位老仆人的饶舌。不过，想必在她看来，我没能表现出对主教大人重要性的足够认识，所以，为了惩罚我的冷漠，又或者是出于意外，有一天她向我转述了一段对话，我本人也间接牵涉其中。之前，她到主教家去问安，晚饭过后，她被叫到了餐厅里。在汇报了家庭经济情况之后，她恰好提到最近把房子租出去了。于是（看上去）仁慈的主教大人借机提醒她，要认真挑选租客。他说："贝蒂，别忘了咱们这个地方正处在通往霍利黑德的大路上。一大群爱尔兰骗子逃往英格兰躲债,一大群英格兰骗子逃往马恩岛躲债,他们都有可能经过这里。"这个建议确实有理有据,但贝蒂女士应该把它留到秘密沉思的时候去咀嚼,而不是特地跟我说。后来的事就更离谱了——我的房东回答说(根据她自己的描述):"噢,大人,我真不觉得这个年轻人是个骗子,因为——""您不*觉得*我是个骗子?"我愤然打断她,"以后您不用再费神去*觉得*了。"然后我毫不迟疑地离开了。这位女士似乎还想说些什么来弥补,但我脸上那严厉而轻蔑的表情也让她感到愤慨了,仿佛我冒犯的是那位高官本人一样:这样一来,情势就无法缓和了。主教大人对一个素未谋面的人含沙射影——无论程度多轻——这确实让我感到非常愤怒,于是我决定用希腊语表达我的想法,这一方面可以从侧面说明我并不是什么骗子,另一方面(我希望)又能迫使主教也用希腊语给我回复。我可以确定,结果将证明我可能没有主教那么富裕,但一定是一个比他好得多的希腊学家。不过,冷静下来想想,我还是放弃了这个孩子气的计划:因为我认为主教确实有权利去给一位老仆人提建议,他也不可能想到他的建议会传到我的耳朵里。此外，贝蒂女士把它转述给我本身就足以说明她缺心眼儿，那么缺心眼儿的她也很有可能依据自己的思路对主教大人的原话进行了调整。

我当时就退租离开了，这也给我造成了很大的不幸：因为后来我都只能住在小酒店里，钱花得飞快。不到半个月，我就囊中羞涩，每天只能吃一顿。我经常锻炼身体，饭量很大，山上的新鲜空气也让年轻人胃口大开，所以我很快就被饥饿折磨得不行。我每天能弄到的唯一一顿饭也只有咖啡或者茶。就算这样节衣缩食，最后连这顿饭也不得不取消，我在威尔士的余下时间里就靠着吃黑莓、蔷薇果、山楂之类的东西过活，或者是偶尔帮人干点活儿，仰赖主人好心招待我吃顿饭。有时候我帮那些在利物浦或伦敦有亲戚的佃农写家信，更多的时候我是帮那些在什鲁斯伯里或其他英格兰边陲小镇当过女仆的姑娘写情信。这些谦卑的朋友对我的工作感到非常满意，所以总是会热情招待我一番：有一次，在梅里奥尼思郡一个偏远地区里名叫兰尼斯丁朵（或是类似的名字）的村庄附近，一家年轻人招待了我整整三天，他们的热情和友爱给我留下的印象直到今天还无比鲜活。那一家有四姐妹和三兄弟，都是成年人，举止优雅得体。他们身上的美丽和教养，我之前从未在其他人身上见过，后来除了在威斯特摩兰郡和德文郡的一两次之外，也再没有在其他场合见过了。他们都能说英语，这在一个人数众多的大家庭里是很难得的，尤其是这家人还住在远离官道的村庄里。在那里，我先是帮他们家曾服侍过一位英格兰士兵的兄弟写了一封关于奖金的信件，另外还私下帮两位姐妹写了两封情信。这两位姐妹都长得很有趣，其中一位非常可爱。在她们口述或是告诉我该怎么写时，从她们的困惑和羞涩中，我可以轻易看出她们想要的效果是在信里既表现得温柔，又不乏少女那种得体的矜持与骄傲。我尽力润色我的文字，以便能达到这二者的平衡：她们对结果感到非常满意，不仅因为我把她们的感情表达得很清楚，也因为（天真的）她们惊异于我能这么容易地发现这两种感情。一个人从家庭的女性成员那里得到的待遇，基本上为他在全家人那里得到的待遇定下了基调。在这一家，我在秘书这一机要工作中的表现大体令人满意，可能我的言谈也令他们感到有趣，所以他们坚持要我多住几天，而我也无意推却他们的盛情。由于家里唯一一张没人睡的床放在女寝，所以晚上我和兄弟们一起睡。但除此之外，他们在其他方面非常尊重我，而像我这么拮据的人一般是得不到这样的尊重的，仿佛我的学识就足以证明我"出身高贵"。如此，我和他们一起生活了将近四天，那几天里他们的友好态度没有丝毫消减，要不是条件所限，我相信我可以一直在那里住到今天。在最后一天吃早饭的时候，我从他们的脸上看出，马上将有一场不太愉快的谈话。不久，一位兄弟就告诉我，在我到他们家的前一天，他们的父母刚刚出门去参加在卡那封郡举办的卫理公会派年会，如今他们马上就要回来了。"如果他们失礼了"，他代表所有兄弟姐妹请求道，请我不要见怪。后来，两位父母回来了，面容粗野无礼，对我的所有回答都是"不说英语"（Dym Sassenach）。我心里很清楚是怎么回事，所以深情地和那群好心而有趣的年轻主人告别之后，我离开了他们家。尽管他们热心地替我向二老说好话，也不断给我解释老人的态度举止"一直都这样"，但我很明白，我写情书的才能和我的希腊萨福体或阿尔凯奥斯体一样，不会让两位年过六旬的威尔士卫理公会派教徒对我产生什么好感；年轻朋友们以和蔼好意带给我的是殷勤好客，而两位老人的粗野行为就只能带来施舍了。关于老年，雪莱先生诚不我欺：老年对人的仁爱之心有着可悲的腐蚀作用，除非我们能从各方面全力抵抗这一过程。

此事过后不久，我想办法到了伦敦，其间过程略过不叙。随后，我那漫长苦难——或者毫不夸张地说，我的极度痛苦——的后半程，也是更为凶猛的一个阶段到来了。在长达16周的时间里，我受到不同程度饥饿痛苦的肉体折磨；我品尝了任何从最大痛苦中存活下来的人所经历过的苦涩。我不打算用我所经受苦痛的细节给读者们带来无谓的困扰，因为就算受苦的人犯下了任何过失或罪责，要去细想或仅仅去描述如此极端的折磨，一定会给天性善良的人带来痛苦的悲悯之感。我只能说，偶尔从一个人（他猜我病了，但是不知道我极度缺乏食物）早餐桌上得来的一点点面包屑，就是我的全部粮食。在我痛苦的前半程里（基本上就是我在威尔士的那段时间加上我刚到伦敦的那两个月），我无家可归，基本上也无片瓦遮头，经常处在开阔的空间里——受到病痛折磨的我并没有完全垮掉，可以说主要得益于此。而后来，天气变得越来越恶劣，我的身体状况不断恶化，精神也在衰退，幸好，此时那位我曾从他桌上捡面包屑吃的先生让我住进了他租下的一间闲置的大房子里。我说闲置，是因为屋里没人住、没人办公，除了一张桌子和几把椅子之外也没有任何家具。但是住进去之后，我发现那里已经有了一个住客，那是一个无亲无故的可怜小孩儿；她只有十岁，但是看起来不止，因为饥饿之类的折磨总是会让小孩儿显得老成。我从这个流浪儿那里得知，在我住进来之前，她就已经住了一段时间了；而我即将陪伴她度过漫漫黑夜，对此她表现得十分雀跃。房子很大，由于没有家具，老鼠在空旷的楼梯和大厅里窜来窜去的声音显得格外大。而除了寒冷和饥饿带来的切切实实的身体上的不快之外，这孩子还有闲心自找麻烦，说屋子里有鬼。我说我会保护她不受任何妖魔鬼怪的侵犯，唉，除此之外我也帮不上什么忙了。我们躺在地上，用一捆受了诅咒的法律文件当枕头；除了一条类似马夫斗篷的东西之外没别的东西盖；后来我们又在阁楼里发现一条老旧的沙发罩、一小块破布还有一些衣物碎片，给我们增加了一点温暖。可怜的孩子依偎着我，既是为了取暖，也是为了远离鬼怪。只要我不是病得太重，我都会把她搂在怀里，这样她会暖和一点，也能在我无法睡觉的时候安然入睡：因为在我重病的后两个月里，我的白天都是睡过去的，几乎随时都能打个盹儿。但睡眠并不比清醒的时候更好过，因为我的梦境十分混乱（它们只比后来鸦片导致的梦要好一点点），所以我的睡眠基本上都是小寐。我能听到自己在呻吟，也经常被自己发出的声音弄醒。也是在这段时期，我一睡着，就被一种可怕的感觉所萦绕，在我后来的生命中，这感觉也时不时地重现——那是一种颤搐（我不知道具体在哪里，但很明显是在胃部），为了缓解这种感觉，我只能用力地蹬腿。我一开始睡觉，这感觉就会冒出来，而我的缓解动作也总把自己弄醒，于是最后我只有累到极致时才能睡着；随着我的身体越来越虚弱（如前所述），我越来越经常地昏睡过去，又经常惊醒。同时，房子的主人也会时不时地来突然检查，他来得很早，有时十点不到就来了，有时又干脆不来。他很怕法警：他把克伦威尔计划又推进了一步——每天都在伦敦的不同街区过夜；我发现他每次都要从一个隐秘的窗户里检查过所有敲门的人之后才会开门。他一个人吃早饭：的确，他的茶具首先就不足以让两个人用，另外食物也少得可怜，就是他在路上买的一个小面包或一点饼干而已，这二者都很难让他冒险邀请另一个人和他共进早餐。我有一次开玩笑地对他说，假如他邀请了别人，那么那些客人一定会像形而上学家们要求的那样，按某种顺序而非一同**站着**（无论以什么顺序，都不会**坐着**），他们也一定会按时间顺序而非空间顺序站好，这样才能跟他一起吃饭。在他吃早饭的时候，我总是会找个理由混进去，然后尽我所能假装云淡风轻地捡起他留下的食物碎屑——有时候一点也找不到。我这么做不算抢劫，但确实对这位先生造成了损失，于是他不得不（我相信是如此）时不时地派人去买点饼干，至于那个可怜的孩子，她就从来不准进他的书房（如果我把那个羊皮纸文稿、法律文书等物的储藏室叫作书房的话），这间房对她来说就像屋子里的蓝胡子房间，他出门吃晚饭时总是锁起来，这时大概是六点，这也常常是他一天之中最后一次离开这间屋子的时候。这孩子究竟是××先生的私生女，还是只是一个仆人，我不能确定，她自己也不知道，但她无疑是被当成一个卑微的仆人来对待的。××

先生一出现,她就要下楼去给他刷鞋或外套之类的。若非唤她跑腿,她也一定不会从厨房等处的深渊中走上楼来,一直要等我入夜后敲门,她才迈着颤抖的脚步走到大门。至于她白天的生活,我只能从她晚上的叙述中略知一二,因为白天主人一开始干活儿,我就看出我应该离开了,于是我就会在公园或是别的什么地方一直坐到天黑。

那么,屋子的主人到底是谁,又是做什么的呢?读者们,他是法律界众多较低等级从业者中的一员,那些——我该怎么说呢——那些,出于审慎的原因,或是由于必要,而不得不拒绝享有过于纤细的良心的人(这种迂回的表达也许可以用更加简洁的词来代替,但是我把这留给读者来决定):在许多行业里,良心是一个比老婆或是货物还要碍事的东西,正如人们会说"放下"他们的货物,我猜我的朋友××先生也已经"放下"他的良心很久了,当然,我的意思是,一旦他能负担得起了,他就会把良心捡起来的。如果我能用他来娱乐读者的话,这样一个人的内心活动会是一幅最奇怪的图景。即使在我有限的观察机会里,我也看到了很多伦敦逸闻、诡计花招儿、"循环又循环,圈圈套圈圈",有一些时至今日我想起来还忍俊不禁——当时也令我忍俊不禁，尽管我正经历着悲惨的人生。不过，那时我的境况使我本人对××先生的上述特点并无体验，而只体验过他性格中那些值得称颂的品质，尽管他为人奇怪，我也只需铭记他对我十分仁慈，并且在他能力所及的范围里相当慷慨了。

当然，他的能力并不强，但是，和老鼠们一样，我不用交房租，也正如约翰逊博士所言，他生平仅有一次吃墙果吃了个够，我也得心怀感激地承认，我生平也仅有那一次在伦敦宅子里有这么一个我所能求的宽敞住处。除了那可怜孩子觉得闹鬼的蓝胡子房间之外，所有其他房间，从阁楼到地窖，我们都可随意使用；"整个世界在我们面前"；我们想在哪里搭帐篷过夜都可以。我已经说过，这间房子很大，它地处伦敦一个有名的区域，十分醒目。我毫不怀疑，在读到这段话的几个小时内，许多读者都会从那里经过。至于我自己，每次有机会去伦敦我都会去那里看看。1821年8月15日大约晚上十点——那天正好是我生日——我在牛津街散步，还特意绕道去那儿瞄了一眼：如今那里住着一户体面的人家。借着前厅的灯光，我看到一家人大概聚在一起喝茶，气氛相当欢乐。在我眼里，这和18年前那屋子的黑暗、寒冷、寂静和凄凉形成了奇异的对比，那时，这屋子的晚间住户是一个饥饿的学者和一个弃儿——顺便一提，后来我试着找过她但是无果。除了她的境况之外，她谈不上是一个有趣的小孩儿：她既不漂亮，又不聪明，也不非常讨人喜欢。但是谢天谢地！就算是那些年，我也不需要新奇的装饰来抚慰我的情感；朴素的人性，以其最卑微和最平凡的样子，于我足矣：我爱那孩子，因为她是我苦难中的同伴。如果她现在还活着，大概已经是个妈妈，有了自己的孩子，但正如我所说，我没能找到她的踪迹。

此事令我遗憾，但那时还有另一个人，我曾怀着更为热切的心情去寻找她，而没能找到她的遗憾也更加深沉。这是一位不幸沦为妓女的年轻女子。我声明，那时我对许多处于这一不幸境地的女性怀有亲切和友好的感情，对这一点我并不感到羞耻，我也认为没有理由感到羞耻。对这一声明，读者们既莫哂笑，也莫皱眉。因为，无须提醒我的读者们，古语有云，饱暖思淫欲，彼时我囊中羞涩的程度使得我和那些女人的关系必须保持纯洁。事实上，我生平也从不认为被任何具有人类外形的生物触碰或亲近是对我的玷污：恰恰相反，从我很年轻的时候开始，我就对像苏格拉底那样与人亲密交谈感到自豪，无论是男人、女人还是孩童，只要是命运送到我身边的人，均是如此——这种行为有益于获得人性的知识、良好的感觉和与哲学家身份相称的坦率的言辞。因为哲学家不应用尘世俗人那局限的眼光来看问题、对出身和教育怀有狭隘利己的偏见，而是应该把自己看作一个天主教徒，在高低之间不偏不倚——对受了教育的和没受教育的、有罪的和无辜的均是如此。那时我是一个逍遥派学徒，或者说是街上的漫游者，我自然与这些街道上的女性漫游者——她们也被叫作街头流莺——有更多的接触机会。当我坐在别人家门口的台阶上打发时间时，巡夜人会试图把我赶走，很多妓女都在这种时候帮过我。而她们其中一人，为了她我才说起这群人——不！噢，心地高尚的安，我不要将你归于此类；如果可能的话，请让我找一个更文雅的词来描述她的境况，因为在全世界都将我抛弃的时候，是她以其慷慨和仁慈关心我的需求，使我得以苟活。多少个夜晚，我和这个无依无靠的可怜女孩儿一起走在牛津街上，或是在台阶上、门廊下休息。她肯定比我年纪小：她确实告诉过我，她还没满16岁。我怀着兴趣问了她一些问题，逐渐了解了她的过去。她的故事没什么特别的（因为我后来的经历足以使我这么认为），如果伦敦能更好地组织其善行的话，法律就能更好地介入，保护她，为她雪耻。但是伦敦的慈善之水流虽然深沉又有力，却无声而隐秘。对无家可归的可怜人来说，慈善渠道是很难获得的，此外，我们也无法否认，外面的空气和伦敦的社会架构严厉而残酷。不过无论如何，我认为她所受的伤害其实是很容易补偿的，于是我经常诚挚地催促她向地方法官陈述她的冤情：我向她保证，虽然她没有朋友，但是她的情况一定很快会受到关注；英国的正义不会趋炎附势，一定会迅速而有力地向那个掠夺了她可怜财产的恶棍讨回公道。她也经常向我保证她会去上诉，却一次又一次地拖延：因为她胆怯而沮丧，悲伤已经深深地影响了她那年轻的心灵。也许她觉得，就算最公正的法官和裁决也没办法弥补她所受的委屈，这么想也无可厚非。不过，我们本来是可以做些事的：我们最后决定，就在那两天去面见地方法官，我来做她的代言人。那是我倒数第二次见到她，命运决定了，我永远也没法儿帮她这个小小的忙。而她帮我的忙却实在太大了，我永远都没办法回馈她：一天晚上，我们沿牛津街散着步，经过了比往常更加虚弱的一天，我请她和我一起转道去苏豪广场。我们朝那儿走去，然后在一家门前的台阶上坐了下来，她在那里所做的事，让我至今回想起来都无法不对这个不幸女孩儿的精神怀有深切的悲痛和敬意。我们正坐在那儿，突然间我的情况急剧恶化：我本来把头靠在她的胸前，但我突然从她的臂弯中滑落，向后倒在了台阶上。那时候身体的感觉使我坚信，如果不用一种强有力的复苏刺激物，我要么会立马死在那儿，要么起码也会陷入衰竭，而就凭我当时无依无靠的情况，这衰竭很快就会失去希望。在这生死关头，我的朋友——她自己在这世间也只品尝过伤害——向我伸出了援手。她发出了一声恐惧的哭喊，却毫不迟疑地跑进了牛津街，不一会儿就带着一杯波特酒和香辛料回来了，酒和香辛料马上就在我空荡荡的胃里起了恢复作用（那时它肯定会抗拒所有固体食物）：为了这杯酒，这个慷慨的姑娘二话不说就付出了她的钱包——一定要记住！——那时她连自己维生都十分艰难了，而她也毫无理由去期待我会有能力偿还她。——噢！年轻的善人！后来的岁月里，我常常一个人站着，怀着悲伤的心情和最好的爱想念你，多少次我祈求着，古时候人们相信父亲的诅咒有一种超自然力，能带着一种致命的自我完成的需求去追随其目标，——如此，被感激之情压迫着的心灵，大概也有相似的特权。也许上天也赐其能力去追逐、去萦绕、去埋伏、去影响、去纠缠你，一直深入伦敦妓院的黑暗中心，或是直到坟墓的黑暗中心（如果可能的话）——在那里，以和平、宽恕与最终和解的真诚消息将你唤醒！

我不常哭泣：不仅因为我所想的事情与人类的主要利益相关，我的思想每天，不，每时每刻都深入千寻，"深得不适合眼泪"。不仅因为我严格的思想习惯和那些容易引起眼泪的感觉是相互对立的——有些人从来不会感到冥想的悲伤，因为他们常常被其轻浮气质所保护，这种轻浮也使得他们无法抵抗那些引人哭泣的感情。但我也相信，为了避免完全的失望与消沉，所有像我一样深入思考过这些问题的人一定也寻找和珍视过人类苦难之中蕴含着的平衡和深意。因此，我一直很开朗，也正如我所说，我不常哭泣。但有些感觉，虽然不一定比其他感觉更深沉或是更激烈，却更柔软：当我在如梦的灯光下走在牛津街上，听着那些多年前抚慰了我和我亲爱的伙伴（我总是得这么叫她）的手摇风琴曲调时，我总是落下泪来，沉思着那突然而决绝地将我们永远分开的天命。这一切是怎么发生的，读者们将从这段介绍的尾声中了解。

在我前面所说的事情发生之后没多久，我在阿尔伯马尔街上遇到了已故先王家中的一位绅士。这位绅士在不同场合接受过我家的帮助，他凭借我和家人在容貌上的相似来找我相认。我没有试图假装，而是率直地回答了他。他向我许诺不会把我的消息泄露给我的监护人，于是我把那位律师朋友的地址给了他。第二天，我从他那儿收到了10英镑，还是纸币。装着钱的信是和其他写给律师的公文信件一起送来的，从表情和举止来看，他是有些怀疑这封信的内容的，但他还是诚实地把信交给了我。

这份礼物对我提供了特定的帮助，这使我自然要说起最初引我来到伦敦的目的，也是从我到达伦敦的第一天直到最终离开的那天都在谋求的目的。

读者们可能会感到惊讶，在伦敦这样一个大世界里,我竟然找不到一些避免遭遇极端贫困的方法,更别说我起码有两条门路:我可以向我家的朋友们求助,也可以靠我的才华和学问找路子赚点钱。对于第一条路,我可以这么说,世界上超越一切的不幸就是被我的监护人接回去。我毫不怀疑他们会把法律赋予他们的权利在我身上运用到极致,也就是强迫我回到那个我退了学的学校——在我看来,复学将是一种耻辱,就算我顺从着自愿复学,那也会是比死还难受的羞辱,因为这是对我的愿望和努力的蔑视和反抗,我最终也一定会以死相抗。所以,就算是那些我知道一定会帮我的好心人,我也不敢去向他们求助,因为我不能冒险让我的监护人得到关于我的蛛丝马迹。再说了,虽然我父亲在世时在伦敦曾有许多朋友,然而(毕竟他已经去世十年了)我连名字都记不起几个;我以前也从没来过伦敦(只有一次来了几个小时),所以那几个能记得名字的我也不知道地址。于是,一部分是出于实行的困难,更多是出于我前面所说的最重要的恐惧,这条路子自然是走不通的了。至于第二条路,如今我有点想加入读者们,因为我也有点怀疑当初我莫不是忽略了这种可能性。作为一个希腊语校对,我肯定能赚到我需要的钱。在这样一个职位上，凭着典范而精确的希腊语知识，我用不了多久就能获得老板的信任。但我们也别忘了，想要找到这样一份工作，我首先也要拿到一封推荐信，把我推荐给一位可敬的出版商才行，而推荐信我是无处可寻的。不过说实话，我从来没想过把从事文学当成赚钱的门路。总之，能快速赚钱的方法我只想到了一个，那就是凭我将来的财富和前景去借钱。我通过各种途径找人借钱，其中有一个叫D先生的犹太人。[1]

---

[1] 顺便一提，一年半之后，我又向这个犹太人借了钱。这次我是从一所有名的大学给他写的信，所以幸运地获得了他的注意。我缺钱并不是因为我挥霍无度，也不是我年少轻狂（我的习惯和愉悦比那高尚得多），而是因为我的监护人对我怀恨在心有意报复：他发现自己再不能阻止我去上大学，就撕下了伪善的面具，拒绝在每年100英镑生活费之外再给我一分钱。在我上学的那个年代，这笔钱只够让一个人勉强维生，而我虽然并不是那种装模作样视金钱如粪土的人，也没什么昂贵的嗜好，却不幸向仆人们透露了太多隐私，又不喜欢精打细算。于是我很快就发现自己囊中羞涩，最后，经过与犹太人拉锯式的讨价还价（如果我有空把这经过演出来，一定会让读者们捧腹），我终于得到了想借的数目——按"常规"条件以年金形式付给犹太人借款17.5%的利息；另一方面，以色列仁慈地只要我还大约90基尼，原因只是一封律师账单（何种服务、提供给谁、何时何地——在围攻耶路撒冷时、在第二圣殿还是其他更早的场合，我至今也没弄清楚）。这份账单到底有多长我也确实忘了：但我至今还把它收在一个装新奇玩意儿的柜子里，没准儿哪天我会把它送到大英博物馆去。

我对这个犹太人，以及其他发了借贷广告的人（我相信其中也有一些犹太人）介绍了自己，也说明了自己的前景；他们检查了我父亲存放在康芒斯医生那儿的遗嘱，确认了这一前景的真实性。遗嘱里说，××先生的二儿子将获得我所声称的全部财产（可能还会更多）；但犹太人的表情清楚地表明还有一个问题——我就是遗嘱里说的那个人吗？我之前从没意识到这也能成为一个问题，恰恰相反，我怕的是假如犹太朋友们去仔细调查我，会发现我太有名了，简直不可能是那个人——然后他们就可能会灵机一动，想出些阴谋诡计，把我出卖给监护人。这一切都感觉很奇异：我"物质上"的自身被控，或至少被怀疑是我"形式上"的自身的赝品（我这么表述，是因为我很看重事物区别的逻辑精确度）。不过，为了打消他们的顾虑，我做了我唯一能做的事。我还在威尔士时收到过年轻朋友们的很多信，而我一直把这些信带在身边——那时，这些信可以说是除了贴身衣物之外我仅有的私人物品了，其他东西我都这样那样处理掉了——于是我把这些信呈给他们看了。大多数信都是××侯爵从伊顿写来的，那时他是我主要的（或者说唯一的）密友。还有一些信来自××侯爵，他的父亲也曾在伊顿求学，后来虽然醉心于农艺，却也保持着学者与贵族的风范——仍旧怀有对古典学和青年学者的喜爱。他从我15岁开始就与我通信，信的内容有时是关于我在M郡和S郡时他的新进展或是新计划，有时是关于一位拉丁诗人的优点，有时他也会给我提一些建议，让我就某些主题写一些诗。

读了这些信之后，有一位犹太人朋友同意借我两三百镑，只要我能说服那位年轻的伯爵（他并不比我年长）保证在我们成年之后还清即可：如今想来，那个犹太人的最终目标应该不是他从我这儿能获得的微末利润，而是想和我那位高贵的朋友建立联系，因为他很清楚伯爵能给他带来多大的好处。在我收到那10英镑的八九天之后，按照犹太人的指示，我准备动身去伊顿了。我给了这位债主大约3英镑，因为他说一定要买邮票，这样我不在伦敦的时候还可以继续准备材料。我心里觉得他是在撒谎，但也不打算落人口实，免得后来有什么延误他会怪到我的头上。我又把一小笔钱给了我的律师朋友（他也在给我的债主们当律师），考虑到他为我提供了住处，这也是应该的。我用大约15先令给自己置办了一套新装（尽管非常简陋）。我把剩下钱的四分之一给了安，想着等我回来之后如果还有余钱，再和她平分。安排好这些之后，在一个漆黑的冬夜，刚过六点时，在安的陪伴下，我出发去了皮卡迪利：我的打算是乘坐巴斯或是布里斯托的邮件马车一直到索特希尔去。我们那天走的路所在的区域如今已经消失了，所以我没法儿再重溯它的边界：我想它是叫燕子街吧。时间还很宽裕，我们朝左走，一直走到了黄金广场；然后，我们在谢拉德街的街角坐了下来，因为我们不想在皮卡迪利大街的喧闹中告别。我前不久已经跟她说过我的打算了，如今又再向她保证，如果我能转运的话，一定也会带她过上好日子。我也保证，只要我有能力保护她，就永远不会放弃她。我是真心实意的，这个打算既出于我的本心也出于一种责任感：且不论我对她的感激之情——在任何情况下我都亏欠她一生——我也像对亲姐妹一样爱着她。而此时此刻，看着她依依难舍的离愁别绪，我更是对她怀有万般柔情。当然，我也有充分的理由感到难过，因为我就要离开我的救星了，但是考虑到我的健康所得到的刺激，我还是乐观且充满希望的。而她就不一样了，虽然我除了善良和兄弟情谊之外什么也给不了她,她却因为要与我分离而悲伤不已,当我和她吻别时,她抱住我的脖子,哭得一句话都说不出来。我希望最迟一个星期就能回来,所以和她约定,从第五天开始,她每天晚上六点都可以到大蒂奇菲尔德街的街尾去等我——那里一直是我们约定见面的好地方,这样我们就不会被牛津街上的"地中海"弄得互相错过。我采取了不同的预防措施,却独独忘了一条。要么是她忘了告诉我,要么是我自己忘了——这都不重要了——我并不知道她姓什么。像她这样干这行的不幸女孩儿通常都不会叫自己什么道格拉斯小姐或是蒙太古小姐,而是简单地用教名称呼自己,比如玛丽、简、弗兰西丝等等。姓氏是找一个人最确定的方式,我应该要问她姓什么的:但事实是,我以为这次短暂的分别不会比之前那么久以来的见面更困难或是更不确定,所以根本没觉得有必要去问,也没把这件事列入我们分别时的议程里。在最后那段时间里,我一直忙着安抚她、鼓励她,还催她去弄点治疗剧烈咳嗽和喑哑的药,因为她那时正得了这种病,于是完全忘了这回事。

我到达格洛斯特咖啡馆时已经晚上八点多,布里斯托邮车就要发车了，我坐到了车顶。邮车顺畅的运动[1]很快就让我进入了梦乡：很奇妙吧，几个月来我享受到的第一次轻松而惬意的睡眠，是在一辆邮车的外面——如今想来，这张床是很不舒服的。这次睡觉时还发生了一件小事，和其他许多事情一样，这件事也让我确信，一个从未遭受过重大不幸的人很容易过了一辈子都不知道人心能有多善良——或者，唉，能有多邪恶。人类**天性**的特征和表现之外被罩上了**举止**那厚厚的帘幕，在普通人看来，两个极端及其之间的无限变化都是混乱不堪的——广大而数量众多的和谐被简化成贫瘠的不同轮廓，就像基本声音的音域或字母表一样。事情是这样的：从伦敦出发的四五英里中，我偶尔会在车子颠簸时倒向我旁边的乘客，这使他很厌烦；要是路面没这么平整，虚弱的我可能就会被颠得晕过去了。他抱怨得很厉害，可能大部分人遇到这种情况都会如此吧；但是他愁眉苦脸的程度似乎超过了当时情况所应见的；如果我和他就在那一刻分别，我

---

1. 布里斯托邮车是全国最好的邮车，它有双重优势：首先，路况就好得不一般；其次，为了满足布里斯托商人们提出的其他要求，又额外花了一笔钱。

大概就会认为他是一个粗暴甚至野蛮的家伙（要是我认为他还有那么一丁点值得想起的话）。然而，我也知道他的确有理由抱怨，于是我向他道歉，并保证之后会尽力不往他身上倒；同时我也解释，由于长期处于悲惨境地，我的身体很虚弱，也没钱坐到车厢里面去。听了我的解释，他的态度马上变了。后来当我从豪恩斯洛的嘈杂和灯光中醒来时（虽然我希望能顶住睡意，但在我向他保证之后没两分钟，我又睡着了），我发现他正用手臂搂着我，以防我摔到地上去。而在后来的旅途中，他对我始终表现出一种女性般的温柔，最后我几乎躺在了他的怀中。而他不可能知道我并不是要坐着这辆车一直到巴斯或是布里斯托去，这更说明他的善良。不过很不巧，我的确在那辆车上走得比我预定的要远：车上的睡眠实在是太舒适、太宜人了，以至于在离开豪恩斯洛之后，我一直到邮车突然刹车才再度醒来（也许是到了一所邮局跟前），一问之下，我才发现我们已经到了梅登黑德——过了盐丘已经六七英里了。我在那里下了车，而那位好心的伙伴（从我在皮卡迪利大街瞥见的情形来看，他应该是一位绅士的管家之类的人物）趁着邮车停歇那半分钟的当儿，还敦促我赶紧上床睡觉。我向他保证一定会的,当然我并无此打算;实际上,我马上就动身上路了。那时候肯定还不到半夜,但我走得实在是太慢了,走上斯洛福去伊顿的那条路时,我听到附近村庄已经响起了四点的钟声。空气和睡眠都让我精神一振,但我仍然很疲倦。那时,我的脑海中浮现出一个想法(一个很明显的想法,一位罗马诗人曾用妙语将它表达出来),它在那贫困的时刻给了我一些抚慰。不久之前,豪恩斯洛荒地附近发生了一起谋杀,受害者名叫斯蒂尔,我应该没弄错,他在那附近有一座薰衣草农场。我每走一步,就离那片荒地更近一点:我自然而然地想到,如果那个可憎的杀人犯那天晚上也在外面的话,我们俩可能在黑暗中不知不觉地越来越近,要我说,假如我不是和流浪汉相差无几(事实上我就是了)——

我是学识之主,此外别无所有

——而是像我的朋友××少爷一样,据说将要继承每年7万英镑的财产,我会被近在咫尺的威胁吓成什么样啊!——当然,××少爷不太可能落到和我一样的境地就是了。不过无论如何,那句名言的思想还是不错的——巨大的权力和财富使人可耻地贪生怕死。我也十分肯定,许多最为英勇无畏的冒险者都是身无长物的幸运儿,他们因此可以尽情地利用自己天生的勇气;假如在他们即将行动起来的那一刻,收到消息说自己将获得每年5万英镑的财产,他们肯定会发现自己对子弹的厌恶突然强烈了许多[1],而他们想保持完全的镇定和沉着也变得更难了。所以,诚如一位经历过两种命运的智者所言,财富更适合——

> 使美德懈怠,钝其锋芒,
> 而非诱其行可称誉之事。

——《复乐园》

我迁延于此话题,是因为回忆这段时日对我来说是很有趣的事。但读者也不必再添怨言,我这

---

[1] 有人可能会反驳说,无论古今,很多身居高位、出身富裕家庭的人在战场上都冲锋在前。的确如此,但这并不是我所谈论的情况:他们长久以来太过于熟悉权力,所以权力对于他们的效果和吸引力相对减弱了。

就速速将其完结。在往来斯洛福和伊顿的路上我又睡着了,就在天刚蒙蒙亮的时候,我被一个站在我身边审视我的男子的声音吵醒了。我不知道他是何人:他面貌凶恶——但并不一定就是坏心肠,就算是,我猜他也不会认为大冬天躺在路边睡觉的人有什么值得抢的东西。不过,如果他现在正在读这本书的话,我想向他澄清是我误解了他。他说了两句话就走了,而对于被他吵醒这件事我也并不感到遗憾,因为这样一来我就可以在大家还没起床的时候进到伊顿里去了。夜晚阴沉,清晨却起了薄雾,大地和树木都披上了一层轻霜。我趁人不注意溜进了伊顿,尽可能远地在温莎的一个小酒馆里洗了个澡,换了一身衣服,然后在八点左右去往波特家。在路上我向几个男孩子问了路:伊顿学生都很有绅士风度,尽管我穿着简陋,他们还是彬彬有礼地回答了我。我的朋友××少爷去××大学了。"一切都白搭!"(Ibi omnis effusus labor!)我在伊顿也有别的朋友,但人总是不愿意让富贵时的旧相识知道自己的潦倒。不过,我记得我当时问起了D伯爵(尽管我和他并不如和其他几位那么亲密),我应该无须介怀将自己的窘境展现在他面前。他人仍在伊顿,但我相信他应该在剑桥那一翼。我去造访了他,得到了友善的接待,他还邀我共进早餐。

在此,我想先停一停,以确保读者们没有得到什么错误的结论:虽然我偶尔提到不同的显贵朋友,但读者们千万不要以为我本人有着阶层或出身的虚荣自负。谢天谢地,我并没有——我只是一个普通英国商人的儿子,我的父亲在世时因为人正直而受人尊敬,他也十分热衷于文学(他本人曾匿名写书);如果他还在世,应该会非常富有,可惜他英年早逝,只留下不到3万英镑的遗产和七个债主。至于我的母亲,我可以很骄傲地说,她比我的父亲更有天赋。尽管她从未装模作样地自诩**文学**女性,我却可以把她称为一位**知性**女性(许多文学女性做不到这一点);我也相信,假如她的书信经人收集出版,其风格之强劲雄浑、所用英国母语之纯粹、习语之清新灵动将不亚于任何人——也许连 M. W. 蒙太古女士也不例外。这就是我荣耀的出身,除此之外别无其他,而我也为此真心感谢上帝,因为在我看来,将一个人的地位提升得大大高于其同胞,对于道德和智识品质来说并不是十分有益的。

D伯爵招待我吃了一顿丰盛无比的早餐,但在我看来，这顿早餐更是三倍地丰盛——因为这是我数月来吃到的第一顿正餐，也是我数月来第一次坐到"正经人的桌子"旁边用餐。但是，说来也怪，我几乎什么也吃不下。在我收到10英镑的那天，我到一家面包店去买了一些面包卷：一个半月或是两个月之前，我曾到那儿去仔细看过，当时心情之急切如今想来都觉得丢脸。我还记得奥特维的故事，也害怕吃得太快会出问题。但没必要担心，因为我很快就没胃口了，买来的东西连一半都没吃完就觉得恶心。这种感觉持续了好几个星期，假如我没感到恶心，我吃下去的一部分东西就会引起排斥反应，有时候反酸，有时候完全没有反酸就吐了。那一天，在D伯爵的餐桌上，我发现我的状态一点也没比平时更好：在满桌珍馐之间，我毫无食欲。但很不幸，我一直都对美酒怀着渴望：于是我向D伯爵说明了我的情况，简要地告诉了他我最近所遭受的病痛，对此他深表同情，并叫人端来了美酒。这给了我短暂的安慰和愉悦，一直以来，只要有饮酒的机会，我一定不会放过——那时我崇拜美酒，就像后来我崇拜鸦片一样。不过我也十分确定，纵饮加重了我的病情，因为我的胃明显不舒服，但要是好好养生，也许还能更快更有效地恢复。我希望我不是为了喝酒才在伊顿逗留：那时我说服自己，我是因为不愿意向D伯爵开口才迟迟不走，因为我很清楚自己和他的关系实在还没有好到可以向他提出那些请求。但我也不愿意铩羽而归，所以我最终还是开口了。D伯爵善良无比，我认为他的善良是出于他对我遭遇的同情以及他了解我和他的一些比较密切的亲故关系，而非由于他对我的请求做了严格的审查；不过他还是踌躇了。他表明自己不愿意和放贷者打交道，也害怕和他们的交易会传到他的熟人耳朵里。此外，他也担心自己的签名在我那些不信基督的朋友那儿不管用，因为他的力量远远不如××。不过，他似乎不愿意用一个坚定的拒绝来羞辱我，因为考虑了一会儿之后，他说，只要答应他提出的一些条件，就可以帮我担保。D伯爵那时还不满18岁，但他带着文雅气质（在他身上，这种文雅还带着年轻人的真诚）展现了巨大的理智与谨慎，我很怀疑是否有其他政客——包括那些资格最老、最有成就的外交家——能在当时那种情况下表现得比他更好。大多数人遇到这种事，肯定会带着像撒拉森人头那样的严峻而不吉利的表情审视你的。

得到他的承诺后我松了一口气,因为结果虽然并非最理想,却也比我之前预想的最差情况要好得多。于是我搭车离开温莎,三天后回到了伦敦。这下我要说到故事的结尾了:犹太人不同意D伯爵的条件。他们最终是会同意,还是只是在做调查,我不得而知,但事情一拖再拖——时间一分一秒地过去——我的钱也慢慢花光了,在我们可以得出任何结论之前,我又会回到之前那种悲惨境地中了。但是突然之间,几乎是出于意外,这场危机中出现了一个转机。我急忙离开伦敦去往英格兰一个偏远的地区,一段时间之后,我又去了大学,又直到很久以后,我才能重访这片至今对我来说意义深远的土地,我年轻时遭受苦难的主舞台。

与此同时,安怎么样了呢?对此我无法定论:按照约定,在伦敦时我每天都在找她,每晚都在第奇菲尔德街角等她。我向每一个可能认识她的人打听,在我离开伦敦前的最后几个小时里,根据我对伦敦的了解,我采取了一切可能的方法,也用尽了我有限的能力。我知道她住在哪条街,但是不知道是哪栋房子。后来我想到,她曾告诉我房东对她不好,所以她可能在我们离别之前就搬走了。她没什么熟人,而且大部分人看到我如此急切地打听她的下落,都以为我动机不纯,不是一笑了之,就是嗤之以鼻,另一些人以为我找她是因为她抢劫了我的东西,就算有她的消息也不愿意透露给我,这很自然,也情有可原吧。最后,在我离开伦敦的那天,作为救命稻草,我把自己在×郡×地的地址交给了一个我确信知道安长什么样的人,因为她跟我们打过两次交道。不过,我至今也没从她那儿收到一个字的消息。在一个人一生中所能遇到的麻烦里,这就是我遭遇过的最沉重的苦难了。——如果她还活着,我们曾在同一时间、在伦敦这座巨大的迷宫里寻找过彼此,这是毫无疑问的;我们甚至可能近在咫尺——一条街道那么宽的距离,往往最终成了永远的阻隔!一些年里,我希望她真的活着。从"无数"这个词的字面意义上来说,我在数次去伦敦时,的确搜寻了无数张女性的脸庞,只希望从中找到她。就算是在数以千计的人群里,只要见到她一瞬,我也能认出她来。尽管她长得并不漂亮,却有一种甜美的表情,头动起来特别又优雅。——我说过,我是带着希望寻找她的,这样过了好些年,但是现在我害怕见到她了,而我们离别时令我忧心的那咳嗽声，如今却成了我的慰藉。现在我不再希望见到她，而只是把她当作一个早已入土的人去思念。我希望她被埋在妓女收容所的墓地里；我希望在伤害和残酷抹掉她的天真本性之前，在暴行和恶棍完成他们对她的毁灭之前，死神已把她带走。

第二部分

噢，牛津街，铁石心肠的继母！听着孤儿叹息、饮着儿童泪滴的你，我终于离开了你：终于，我不再在痛苦中走在你那没有尽头的路面上，不再在饥饿的束缚中做梦又醒来。我和安有太多后继者，自那以后，他们一定也踏在我们的脚印上——我们的不幸的继承者：安之外的其他孤儿也叹息了。其他儿童也流泪了：而你，牛津街，自那以后，你也一定回响着无数心灵的呻吟。而我，我曾经历过的风暴似乎保证了接下来是长久的好天气，提前遭受的痛苦，作为赎金被命运接受，接下来就是对痛苦的长期免疫：如果我再次走在伦敦，作为一个孤独而沉思的人（我常是如此），我多半是带着内心的宁静与平和在走着。诚然，早年我在伦敦所受的苦，在我的肉体上烙下了深深的印记，后来它们再次发芽成长，长成了遮蔽我人生后半段的阴霾，但对于这第二次的袭击，我用更有力的坚毅、更成熟的理智和同情心带来的和缓去应对——多么深沉而温柔！

不过，无论得到了怎样的和缓，相隔许久的两个年代还是被有着相同根源的苦难微妙地联系在了一起。我在此也发现了人类欲望的短视：在我第一次悲伤地寓居于伦敦时，在月光照耀的夜晚，我的慰藉（如果可以看作是慰藉的话）常常是从牛津街依次凝望那些穿过马里波恩区腹地，一直通往田野和森林的道路。随着自己的目光，我经过那些悠远的、半明半暗的景色，我说，"**那**是通往北方的路，也就是通往×地的路，如果我有鸽子的翅膀，我就会飞往**那个**方向寻找慰藉"。在盲目中，我是这么说的，也是这么希望的；然而，尽管我将希望指向了那片北方地区，指向了那条山谷，不，甚至指向了那座房子，我的第二次受难还是开始了，它们再一次包围了我生命和希望的大本营。此后，我长久地受到一些幻象的困扰，它们丑陋可怕如同在俄瑞斯忒斯卧榻周围作祟的鬼魂；而且在这件事上我比他更为不幸，因为睡眠对其他所有人来说都是休息和恢复,对他那受伤的心和受扰的神来说更是一种受祝福的[1]药膏,对我来说却是最苦涩的折磨。于是,我在自己的欲望中是盲目的。如果说在一个人的昏昧和他未来的灾难之间有着一道帘幕,那么在灾难和其缓解之间也有着一道帘幕,不曾害怕的悲痛之后往往跟随着未曾祈求的慰藉。于是,在遇到过和俄瑞斯忒斯一样的问题后(只除了良心不安之外),我也得到了不亚于他所得到的支持:像他一样,我的欧墨尼德斯就站在床头,透过帘幕凝视着我;而我的厄勒克特拉则坐在我的枕边,整夜不睡,伴我度过漫漫黑夜——亲爱的M,我后来的亲密伙伴,你就是我的厄勒克特拉!无论是心灵的高贵或是坚忍的情感,英国的妻子都不会逊色于希腊的姐姐。因为你不吝于以善心处理琐事,以柔情带来服侍[2]。——多年来,你将病痛的汗珠从我的额前抹去,或是滋润我那因发烧而干裂的嘴唇;即便当我与那些叫我"别睡了!"的可怕幻觉和虚无的敌人陷入苦战、使心怀怜悯的你也无法安眠时,你也不曾抱怨

---

1. φίλον ὕπνου θέλγητρον, ἐπίκουρον νόσου.(噢,"甘美的睡眠,你是病痛时期的帮手"。)
2. ἡδὺ δούλευμα.("甜蜜的服侍。")

过一句、嘟囔过一次，不曾收起你那天使般的笑容，更像从前的厄勒克特拉一样，不曾停止你那爱的照顾。尽管她是一个希腊女人，是人类之王[1]的女儿，却也时常将她的脸颊[2]埋入裙中哭泣。

不过这些困难都过去了，你读到这段痛苦时期的记录时，就像在读一场再也不会回来的噩梦传说一样。其间，我又到了伦敦，我又一次在夜晚走在牛津街上，我时常感到非常焦虑，以至于需要我全部的哲学以及你的存在来支撑自己，但是那时我俩又相距三百里，并且要三个月后才能再见——于是我就会在那些月光照耀的夜晚，朝着那从牛津街向北延伸的街道望去，回忆我年轻时那痛苦的呼喊；——一想到你正独自坐在那山谷里，一想到你正是我19年前盲目地希冀着的那栋屋子的女主人，我

---

1. ἄναξ ἀνδρῶν Ἀγαμέμνων. ("阿伽门农，人类之王。")
2. ὄμμα θεῖσ' εἴσω πέπλων. ("用裙子掩住她的面容。") 学者会注意到，在这段文字里，我引用了俄瑞斯忒斯的前期场景；那是欧里庇德斯的戏剧里都罕见的对家人之爱的美妙描述。有必要对英语读者说明一下，这部戏剧的开头讲的是一个弟弟在经历着巨大的良心折磨（或者，用剧里的神话来说，被复仇女神纠缠），随时可能遭受敌人攻击，而那些所谓的朋友却纷纷抛弃或冷淡他时，只有他的姐姐不离不弃地照顾他。

就会感到,尽管过去确实盲目,近来又化为乌有,但我心灵的启示和一个更遥远的时期还是有关系的,如果换一个角度来看,也许还可以得到正名:——并且,如果我能回到那能许下无敌愿望的童年,我会再次遥望北方,对自己说,"噢,如果我有鸽子的翅膀——"然后,因为对你那善良仁慈的天性有着无比的信心,我会说出那句呼喊的下半截儿——"我会飞往**那个**方向寻找慰藉。"

鸦片的愉悦

我第一次吃鸦片已经是很久以前的事了,如果这是件琐碎小事的话,我可能就不记得具体日子了:但重大的事情是不能忘记的,再联系一些相关的情况,我记得那应该是1804年的秋天。那是我进入大学之后第一次回到伦敦,我和鸦片的遭遇就这样发生了。从很早开始,我就习惯了每天至少用冷水洗一次头,有一次突然牙疼起来,我觉得是无意间中断了那个习惯而导致的。我从床上跳起来,把头浸到一盆冷水里,然后带着湿淋淋的头发睡觉了。不用我多说,第二天早上,我满头满脸都因湿气而疼痛难忍,整整20天都没办法缓解。在第21天,我想那是个星期天,我走到了街上;与其说有什么具体目的,倒不如说是为了逃离我的疼痛。我碰巧遇到了一个大学的熟人,他向我推荐了鸦片。鸦片!难以想象的愉悦与痛苦的可怕代理!我听过鸦片的名头,就像我听过吗哪或是仙馔一样,但除此之外就没了:当时这个词对我来说是多么无意义啊!而如今这个词听来又是多么沉重啊!多么令人心颤的悲伤与欢乐的回忆!回想起这些,我感到最初向我敞开瘾君子天堂之门的那个时刻、那个地点和那个男人(如果我没记错的话)以及与之相关的最微小的细节都带上了一种神秘的重要意义。那是一个潮湿而郁闷的周日下午:在地球上,没有什么情景比下着雨的伦敦周日更沉闷了。我回家的路要经过牛津街,在靠近(被华兹华斯先生亲切地称为)"庄严的万神殿"时,我看到了一家药店。药剂师——管理着天堂的愉悦却不自知的人!——仿佛配合着下雨的周日,看起来也沉闷而愚笨,就像所有尘世间的药剂师在周日会表现出的那样:当我问他要鸦片时,他就像一个普通人一样把鸦片给我了,还从一个真正的木头抽屉里找了我一枚看起来像是真的铜制半便士。不过，就算有着这些人间的迹象，后来他在我心里还是以一个不朽的药剂师的幸福形象而存在着，仿佛他是为了我而特地降临尘世。后来我再到伦敦，到"庄严的万神殿"旁边找他的时候，却没能找到，这更使我确信了自己的想法：我不知道他叫什么名字（如果他真有一个名字的话），所以对我来说，他不是以任何肉体的形式搬走了，而更像是从牛津街消失了。读者们大可以选择把他看作一个普通的人间药剂师，事实可能就是如此，但我的信念更好：我相信他消散了[1]，或者人间蒸发了。我不愿意把最初引导我接触那天堂之药的彼时彼处彼人与任何的凡人记忆联系在一起。

回到住处之后，我一秒钟都没耽误，马上服用了处方上的剂量。我对吸食鸦片的艺术和技巧一无

---

1. 消散。——在17世纪，这种从人生舞台退场的方法似乎很有名，不过这仅是出身高贵的人才有的特权，药剂师是不可能有这种荣幸的。大约在1686年，一位名号不吉的诗人（他也的确不负其名），福莱特曼先生（Mr. Flat-man），在谈到查尔斯二世的死亡时表示，他对任何王子居然会做出去死这种荒谬行为感到惊讶，因为他认为：

   国王们应不屑于死亡，而只会消失。

   也就是说，他们应该潜匿到另一个世界去。

所知，所以我是在最不利的情况下吃的。不过我到底还是吃了：一个小时之后，噢！天哪！太恶心了！它从我内部精神的最深处翻涌而出！我的内部世界末日到了！我的痛苦消失不见了，如今它们在我的眼里不过是鸡毛蒜皮——副作用被强大的正面效果吞噬了，被突然显现的神圣享受的深渊吞噬了。这就是万灵药，是对所有人类痛苦"平息悲伤的药"：这就是快乐的秘密，哲学家们多年来对之争执不下，如今瞬间被发现了；1便士就能买到可以装在外套口袋里带走的快乐；可携带的极乐可以被装在一品脱的瓶子里，内心的宁静可以被邮车一加仑一加仑地运来。不过，如果我用这种语气说话，读者们可能会以为我在笑：我可以向这样的读者们保证，没有人可以在长期和鸦片打交道之后还笑得出来。它的愉悦是来自坟墓的愉悦，有着肃穆的面容；在最快乐的情况下，一个瘾君子也说不上是《欢乐颂》里的角色，而是像《沉思颂》里那样说话、思考。但是，我有一种在悲惨境遇里开玩笑的坏习惯，除非有其他更强烈的感情来抑制它，否则恐怕就算在这个记录了我的苦难或快乐的纪事里，我也会做这种不太体面的事。读者们一定要原谅我在这方面的不坚定，有了这样的包涵，我才能找到适合鸦片这样一个主题的严肃而不沉闷的写法，因为这个主题实际上并不轻浮，也不像人们误以为的那么沉闷。

首先来说说它对人类肉体的作用，因为迄今以来所有关于鸦片的文字，无论是土耳其的旅行者写的（他们可能辩称谎言是一项古老的权利）还是权威的医学教授写的——我只想强调一点——骗人！骗人！骗人！我记得有一次经过一个书报摊，从一本讽刺作品里读到下面这些话："这下我确信了，伦敦报纸每周至少说了两次真话，也就是说，周二和周六列出的破产名单应该是可靠的。"其次，我并不否认，关于鸦片的某些真相被传达给了世界，于是学者们不厌其烦地说，鸦片是一种暗褐色物质，以及下面这一点——请注意，我承认——鸦片相当昂贵；在我那个时候，东印度鸦片要3基尼一磅，土耳其鸦片要8基尼一磅。最后，如果你吃了很多鸦片，你非常有可能——经历任何有着规律习惯的人最讨厌的事，也就是死掉。[1] 这些沉甸甸的论断单独来说

---

1. 不过，关于这一点，学者们后来似乎产生了质疑：我有一次读过一本盗版的巴肯的《家庭医学》，一个农妇为了她的健康正在自学那本书，医生在书里写到，"切忌一次性服用25盎司以上的鸦片酊"，正确的说法应该是25滴，大概相当于1格令生鸦片的量。

都是真的,我无法否认;而真相永远是值得赞赏的。但我相信,这三个原理就已经穷尽了人类关于鸦片的所有知识了。所以,尊敬的医生们,请退到一旁,容我来谈谈这个话题,因为关于鸦片似乎还有进一步发现的空间。

第一,似乎所有人提起鸦片,无论是正式地还是随意地,都认为它会令人中毒,这一点与其说是经过确认的,倒不如说是大家想当然这么认为的。读者们,请放心,任何剂量的鸦片都不曾也不会令人中毒。至于鸦片酊,**那**倒是一定会中毒,假如有人能受得了摄入足够多的量的话,但那是为什么呢?是因为它含有太多的标准酒精,而不是因为它含有太多鸦片。我可以断言,生鸦片是不可能对人体造成任何类似于酒精中毒的效果的,不仅仅是从**程度**上不可能,而是从**种类**上不可能:二者不仅是效果的程度不同,而且性质完全不同。喝酒带来的愉悦总是先不断攀升,然后到达一个危险的临界值,接下来就会一落千丈。而鸦片的愉悦一旦产生,在八小时到十个小时之内都是稳定的:借用医学术语来说,前者是一种急性愉悦,后者是一种慢性愉悦,前者是跃动的火焰,后者是平静的微光。但最主要的区别还是：酒精会使心智紊乱，而鸦片则恰恰相反，（如果以适当的方式服用的话）它能带来最精细的秩序、规则与和谐。酒令人失去自制，鸦片则鼓舞着自制力。酒扰乱并遮蔽人的判断力，让饮酒者对毁誉爱恨都产生异乎寻常的强烈反应；相反，鸦片带来宁静和各个官能的平衡，无论是主动的还是被动的。至于一般意义上的脾气和道德感，鸦片只会给人带来得到判断力认可的、至关重要的那种温暖，在肉体上可能也总会伴随着那种原始的、远古的健康。如此一来，举个例子，鸦片就像酒一样，扩展了我们的心灵和仁慈情感，但是和酒非常不同，在酒精带来的突如其来的、伴随着陶醉感的仁慈之中，人们或多或少会表现出脆弱与伤感，这样一来就容易被旁观者所轻视了。人们握手、拜把子、流泪——没人知道为什么，人类感性的那一面明显占据了上风。鸦片容易带来的良性情感的扩展却不是头脑发热，而是一个原本公正善良的心灵，从长期的痛苦带来的恼怒中解放出来之后，会自然而然恢复到那种状态。诚然，即使是酒，到了一定的时候、对特定的人来说，也会提升精神、稳定心神：我自己从来都不是一个善饮者，却也发现小酌几杯对官能有益——能使意识更活跃有力，也能给头脑一种"自重平衡"的感觉，最奇怪的肯定是说一个人"借酒意掩饰"。因为恰恰相反，大多数人在清醒的时候才是在掩饰，而只有在喝酒的时候，人们才（如雅典一些老先生所说）"展现他们是谁"——展现他们真正的性格；而这肯定不是掩饰自己。不过，酒总是引人来到荒谬和放肆的边缘，超过一定限度，它就必定会使人的智识消散无踪，而鸦片则似乎总是能使躁动的平静下来，使受干扰的再度集中。简而言之，用一个词来概括，喝醉或是微醺的人处于，或是感到自己处于一种特别的状态之中，似乎其天性中原本仅仅是凡人，甚至常常是野蛮的部分被提升到了超凡脱俗的境界；而吃鸦片的人（我说的是那些没有生病，也没有受到鸦片远期影响的人）则感到自己天性中更为神圣的那一部分占据了统治地位，也就是说，道德感澄明无遮，笼罩于其他之上的则是智识那庄严的辉光。

这就是真正的鸦片教派的教义，而我是这个教派的唯一信徒，自始至终。请别忘了，我是基于大量深刻的个人体验才说出这些话的，至于其他那些写鸦片的不科学的[1]作者,包括那些大书特书其药物学知识的人,从其表现出的对鸦片的惊骇可以看出,他们对鸦片毫无经验知识。不过我在这里也要坦承,我曾经见过一个人,他举出了鸦片中毒效果的证据,几乎令我也动摇了:因为他是个外科医生,自己也吃过很多鸦片。那次我恰好跟他说起,(我听说)他的对头们说他妄议政治,而他的朋友们则为他辩解,说他因为吃鸦片;总是处于中毒的状态。我说,基于初步判断,这一谴责没什么问题,朋友的辩护倒

---

[1] 那帮旅行者之流的愚昧充分说明了他们根本没有接触过鸦片,其中我必须提醒读者们特别注意《阿纳斯塔修斯》这本书的作者。这位先生聪明地引人误以为他吃鸦片,这样一来人们就不会去考虑他在第一卷第215—217页写的那些关于鸦片效用的内容其实是歪曲虚假的。仔细想想,作者本人肯定也觉得如此:因为,且不论我在文中指出的那些错误(这些错误,还有一些另外的错误结论,都被他全盘采用了),他自己也承认,一位"胡子雪白"的老先生吃了"大量鸦片"却仍然能清楚无误地说出这一行为的负面效果,这件事本身就说明,所谓鸦片不是使人早死就是令人发疯的论断并不可信。但是我能理解这位老先生的行为和动机:事实上,他被阿纳斯塔修斯随身携带的那"小小金瓶盛着的致命之药"迷住了,而想要安全又可靠地得到这药,没有什么方法比吓唬它的主人、令其失去明智的判断力更有效了(况且这主人本来就不算太聪明)。这样一来,我们就能从一个新的视角来看这本书,也使它的故事性大大增强了:老先生的那番话,作为医药演说是很可笑的,但是作为哄骗阿纳斯塔修斯的说辞却巧妙非常。

是挺荒谬的。令我吃惊的是,他却坚持说他的对头和朋友们都没说错。他说:"首先,我*的确*胡说八道了;其次,我也坚持,我胡说八道并非出于某种原则,也不是为了谋取什么利益,而仅仅是,"他说,"仅仅是,——仅仅是(重要的事情说了三遍),因为我吃鸦片吃醉了,天天*如此*。"于是我回答道,既然敌人的指控有理有据,他们三方面又达成了共识,那我也不便置喙了,但是对于朋友的辩解,我还是必须要表示反对。他继续和我讨论,也给出了他的理由,但我认为继续和他讨论是不礼貌的,因为这样就假设了一个前提,那就是这个人在他的专业领域肯定弄错了什么,所以就算他的论证出现了不合理的地方,我也没有逼问他;再说,一个胡说八道的人,虽然不是"为了谋取利益",总归也不是一个好的辩论对手,不管是他来挑战我,还是我去挑战他。我也承认,一个有口皆碑的好医生的权威的确很有分量,但我还是要说,他一天最多吃了700滴,我的经验比他更足。另外,尽管一个医生不可能不熟悉酒精中毒的症状,我觉得他还是有可能把"中毒"这个词用得太泛了,以至于将所有形式的神经兴奋都归于其下,而不是仅限于特定类型、特定诊断的兴奋。我听说,有些人说自己喝绿茶喝醉了,还有一次,伦敦的一个医学生——他的医学知识是很值得我钦佩的——向我保证,有个病人病好了之后吃牛排吃醉了。

关于第一个错误说了这么多,现在我该简要地说一下第二和第三个错误了,也就是所谓鸦片带来精神振奋之后必然会有相应的抑郁,还有鸦片的直接后果就是肉体和精神上的麻木与迟缓。第一条我直接否定就可以了:我可以向读者们保证,在我吃鸦片的那十年里,每次我纵容自己享用鸦片,第二天都是精神很好的。

至于鸦片带来的,或者说(如果我们相信土耳其瘾君子们的大量图片的话)伴随的麻木迟缓,我也要予以否定。诚然,鸦片被归为麻醉剂,最终也可能带来此类效果,但鸦片首要的、程度最高的效果还是刺激人体,使其兴奋:这一阶段在我最初吃鸦片的时候总是能持续长达八小时;所以,如果鸦片的麻醉作用没能正好在睡觉的时候起效,那一定是吃鸦片的人自己的问题,他没有控制好摄入一剂(用医学术语来说)的时间。土耳其瘾君子们似乎总是可笑地坐在跟他们一样傻的木头上,就像很多骑马者雕像那样。为了让读者们可以自己判断鸦片对英国人官能的弱化程度，接下来我会（用说明性而非论述性的方法）描述我自己于1804—1812年间在伦敦时是如何度过那些吃鸦片的夜晚的。可以看到，至少鸦片没有让我去追求独处，更没有追求完全的静止，或是土耳其人那种迟钝的自我专注状态。我是冒着被叫作狂热分子或是空想家的危险说出这番话的，但我并不在乎；我必须提醒读者们记住，我是一个勤奋的学生，我的其他所有时间都花在努力读书上了，当然有权利像其他人一样时不时放松一下，不过就算是放松，也只是偶尔为之。

已经过世的××公爵以前总说："上帝保佑，下周五我打算喝醉。"和他一样，我也习惯提前计划好什么时候，以怎样的频率放纵自己吃鸦片。一般来说最多三周一次，因为那时候我还没条件每天都叫上"一杯不加糖的热鸦片酊尼格斯酒"（我后来就经常这样了）。如我所说，那时候我很少在三周内喝鸦片酊超过一次：那一般是在周二或是周六晚上。我的理由如下：那两天格拉西尼会在歌剧院演唱，她的声音比我听过的任何声音都要悦耳。我已经七八年没去过那个歌剧院了，不知道现在情况怎么样，但当时那里是伦敦最热门的夜生活地点。花5先令就能在走廊里听，环境比正厅后排好多了：乐团的演奏甜美悠扬，胜过英国其他所有乐团，至于作曲，我承认并不合我的胃口，打击乐太突出，小提琴也非常强横。合唱听来圣洁非凡，同样圣洁非凡的还有当格拉西尼在间奏中出场时：她用歌声倾泻出安德洛玛刻的热情灵魂，有时是在赫克托墓前，有时是在其他地方。我怀疑在所有那些进入过鸦片天堂的土耳其人中，有没有一个人曾享受过我这样的欢愉。不过话说回来，假设他们能和英国人一样享受智识的欢愉，想必也是高估了这些野蛮人了吧。因为音乐究竟是智识上的欢愉还是感官上的欢愉，取决于听者的气质禀赋。另外，在我的印象中，除了《第十二夜》里那华丽篇章之外，充分讨论过音乐的文学作品只有一篇：那是托马斯·布朗爵士写的《医生的宗教》[1]；虽然主要是因其崇高性而著名，这本书也有着哲学价值，因为它指出了音乐效用的真正理论。大多数人错误地认为他们是通过耳朵和

---

1. 现在我手边没有这本书，但我记得这段话的开头是"即使是让有些人愉快却让另一些人激动的酒馆音乐，在我听来都能唤起一股深沉的虔诚"之类的话。

音乐交流的，所以在音乐的效用上，人是完全被动的。但事实并非如此，人和音乐的交流是来自头脑的反应，耳朵由此注意到音乐（内容来自感官，形式则来自头脑），愉悦由此建构：所以有着同样听力的人才会对音乐有如此不同的反应。而鸦片通常能大幅度增强头脑的活动，也就必然增强我们从声音的原材料中建构精妙智识愉悦的那种特定的头脑活动。但我也有一个朋友说，一串乐音对他来说就像一串阿拉伯字符一样：无法理解其中的意思。意思！我的好先生？这里没有"意思"什么事：在这种情况下能用上的"意思"都是有指代性的。但这与我现在要说的根本不是一回事，这么说吧，精巧和谐的合唱队，就像一幅精妙的挂毯一样，在我面前展示的是我过往的全部人生——不是像唤起某个回忆那样，而是将其整个融入音乐中并体现出来。这样，深思人生不再是一件痛苦的事，细节全都被抹去，或是变得如雾般模糊不清，其中的激情却得到了强化、灵化与升华。这一切只要花5先令就能得到。而在舞台上的歌声和乐团的乐声之外，在演出的间隙，我的身旁总是围绕着意大利女人那音乐般的意大利语，因为走廊里通常总是挤满了意大利人。我快乐地听她们说话,就像旅行者维尔德在加拿大躺着聆听印第安女人的甜蜜笑声一样。因为我们越是听不懂一种语言,就越能感受到其中的旋律与嘈杂:在这一点上,我的意大利语不好倒是一个优势了——我只能读一点点,一点都不会说,听也只能听懂十分之一。

这就是我在歌剧院享受到的乐趣,但同时我还有一个乐子只有周六晚上才有,而那时候周二和周六是歌剧院的常规演出夜,所以二者有时会冲突。不过关于这个乐子,我恐怕不会说得太详细,但我可以向读者们保证,不会比马里努斯写的普罗克洛斯生平,或是其他口碑不错的传记或自传更隐晦。我之前说了,这个乐子只有周六晚上才能享受到。那么对我来说,周六晚上和其他晚上有什么不同呢?我不用劳动,所以不用休息,也没有工资可领;除了要去听格拉西尼唱歌剧之外,我还有什么好关心的呢?不错,逻辑严密的读者们,你们的问题我没法回答。人们的兴趣各不相同,大多数人很容易以这样或那样的形式对穷人所关心的事产生兴趣,这主要是出于对穷人的不幸所怀有的同情心,而我那时候表达这种兴趣的方式就是在他们的乐趣中寻找乐趣。我见过太多贫穷的痛苦，多得我都不愿意记起，但穷人的乐趣，他们的精神慰藉，他们在体力劳动之后的休息，这些是永远不会令人感到压抑的。每到周六晚上，穷人们就迎来了主要的常规休息时间，这时，关系最恶劣的帮派也会联合起来，仿佛成了好兄弟，几乎所有的基督徒都停止劳动，开始休息。这个休息是另一个休息的开端，它和下一轮的劳动还隔着一天两夜呢。因此，我在周六晚上总是觉得我自己好像都从某种劳动的枷锁中解放了出来，有工资可领、有乐子可找似的。我的同情心全都倾注到这一盛况之上，所以，为了见证尽可能多的人享受周六的夜晚，我常常在吃完鸦片之后不管方向也不管远近，随意游荡，去到每个市集，还有穷人们会去消费的伦敦其他街区。我见过很多家庭聚会，聚会上通常会有一个男主人和他的妻子，有时还有一两个子女，我会听他们站在那儿谈生计、经济状况或是日用品的价格。我渐渐地熟悉了他们愿望、他们的难处还有他们的意见。有时能听到他们嘟囔抱怨，但面容和言辞间更多的是耐心、希望和平静。在这一点上，我必须承认，穷人普遍比富人富有哲学气质得多——对于那些他们认为无可救药的邪恶或是无法挽回的损失,他们更有准备,也更乐观顺服。一有机会,或是不冒犯的话,我都会加入他们的聚会,也会对他们讨论的话题给出我的意见,虽然我并不能总是给出高见,但他们都会宽容接受。如果涨工资了、有望加薪、面包降价或是洋葱和黄油将要降价,我会很开心。如果情况相反,我就从鸦片中找到一些安慰。因为鸦片(就像蜜蜂一样,它们既从玫瑰里采蜜,也从烟囱的煤灰里提取原材料)可以驳回所有感情,将他们统摄到主基调之下。有时候,我漫步到了很远的地方,因为吃了鸦片的人会开心得忘记时间。有时候,我想改道回家,就用航海的方法,以北极星为参照,想找一条西北方向的道路,这样就不用再绕来时经过的峡角了,结果却突然碰到了错综复杂的小径、神秘的入口和斯芬克斯之谜一样无法通行的街道,遇到这种情况,我猜就算是无畏的脚夫也得退却,聪慧的车夫也要挠头。有时我几乎要相信我就是这些"未知之地"的第一发现者,几乎要怀疑这些地方是否已经被划到现代伦敦的辖区之内。不过,许多年后,我为这种乐趣付出了沉重的代价:我的梦里充满了人类的脸庞,在伦敦时那混乱的脚步也回来纠缠我的梦境，随之而来的还有道德和智力的混乱感，使得理智也变得困惑，良心也变得苦恼懊悔。

以上，我说明了鸦片不一定会造成迟钝或麻木。恰恰相反，它经常将我带到市集和剧院里。但坦率地说，我必须承认市集和剧院并非鸦片吸食者的理想去处，即使是在最为崇高的情况下，那也只是他的次要乐趣而已。在那种状态下，人群会变成一种压迫；音乐甚之，太过感官、太过粗野。他会自然而然地寻求孤独与安静，这是那些恍惚与最深的梦幻不可或缺的条件，而此二者正是鸦片能给人带来的圆满与顶峰。我的毛病就是冥想太多而观察太少，初进大学的时候，我就差点儿因为对我在伦敦见到的那些悲惨事情想得太多而陷入深深的忧郁，所以我能意识到自己思想的倾向，也能采取一切可能的方法去扭转它。——我的确像传说中的那个人一样，进入了特鲁佛尼乌斯的洞穴，而我为自己找到的疗法就是强迫自己进入社会，同时用科学问题让我的理解力始终保持活跃。要不是有这些疗法，我早就得忧郁症了。不过，后来我变开朗了些之后，反而又开始遵循我的本心，过起了更孤独的生活。那时，我经常吸食鸦片之后陷入这些幻梦之中，从我的房间可以俯瞰一英里外的大海，也可以饱览L镇的景色，我不止一次在夏夜里在窗边从日落坐到日出，一动不动，也不想动。

人们可以说我神秘主义、波墨主义或是寂静主义，我并不在意。小H.万爵士是我们这个时代最睿智的人之一，读者们可以看看他在其哲学著作中是不是比我还要神秘。——所以我说，我经常感到很惊讶，因为梦里总是出现那个场景。L镇代表着尘世，忧愁和严肃被抛在了身后，却尚未完全解脱或遗忘。而海洋处于永恒而柔和的悸动中，以鸽子般的冷静想来，大概也很适合那酝酿了这种场景的心境。我觉得似乎一开始我是隔着一段距离站着，超然于生活的烦扰之上，似乎骚乱、狂热和冲突都被悬置了，心灵的秘密负荷最终带来了一种休憩、一种安息、从人类劳动中解放出来的休息。这里有人生道路上绽放的希望，它们与坟墓中的安宁和谐共处。头脑的活动如天赐般不知疲倦，而所有的焦虑都得到神翠鸟般的平静：这种宁静不似怠惰的产物，却似由强大却势均力敌的对抗而产生，无穷的活动，无穷的休息。

噢！公正、细致而伟大的鸦片！对贫富一视同仁，为久久不愈的伤口、为"引得灵魂反叛的伤痛"带来宽慰的灵药。雄辩的鸦片！你用豪言偷走愤怒的目标，对那些有罪的人，你在一夜之间为他带回青春的希望，将其沾满血污的双手洗净；对那些骄傲的人，你让他暂时忘却

未至的公正和未雪的耻辱；

你为使蒙难的清白之人获得胜利，将那些虚假的证词带至梦中的大法庭；你将伪证戳穿；你将不公正的裁决推翻——你以头脑的异想从黑暗的中心筑起城市和庙宇，它们超越菲狄亚斯和普拉克西特利斯的艺术；你"自睡梦的混乱中"唤醒那些早已长眠于地下的美人和那些受祝福的亲人，并拂去他们脸上那"坟墓的玷污"。你将这些礼物赠予人类，你拥有通往天堂的钥匙，噢，公正、细致而伟大的鸦片！

➻ 关于鸦片之痛苦的介绍

有礼貌而宽容的读者们（我的读者们应该都很宽容，否则，如果完全指望他们的礼貌的话，他们可能会大吃一惊了），你们已经伴随我至此，现在请再往回走八年；也就是从1804年（我初次接触鸦片的时间）到1812年去。大学生活已经结束了——几乎已经忘却了——学生帽早已不再紧箍我的太阳穴。如果我的帽子还在，它如今应该正戴在另一位年轻学者的头上，我相信他和我一样快乐，也和我一样怀有对知识的热爱。至于我的长袍，我敢说，它现在的状况和牛津大学图书馆里的数千本书籍一样，那些勤奋的蛀虫正孜孜不倦地追求着它们，要么就被送到（这就是我关于其命运的全部所知了）**某处**

的大储藏室里，就像所有那些茶杯、茶叶罐、茶壶之类的都被送到那里一样（更别说那些更易碎的容器了，比如玻璃杯、玻璃瓶等等）——偶尔看到如今的茶杯和那时的比较像，我还会想起以前有过那些东西——不过我和其他大学生一样，对那些东西的最终去处，我怀疑我们大概也只能含含糊糊地猜一下。教堂的钟声响起，代表六点钟的晨祷时间到了，如今我的美梦不再被这烦人的钟声打断：为了报复，我曾一边穿衣服，一边用希腊语为敲钟人那漂亮的鼻子（古铜色的）写过许多讽刺诗，如今他早已去世，不再烦扰任何人了。而我，和其他许多深受其敲钟之害的人，也一致同意宽恕他的过错，原谅他了。就连那钟声，我也不再怨怼，我记得，它过去一天要响三次，残酷地惹恼了许多体面的绅士，搅扰了他们内心的平静，这一点我毫不怀疑，但对于1812年的我来说，这钟声并不奸诈了（我称其奸诈，是因为它将其恶意美化，好像要用那甜美如银的声音邀请我们去参加聚会一样），就算风如它所愿吹拂到远方，它的声音也再不能影响到我，因为我在离它250英里远的深山里。我在山里做什么？吸食鸦片。对，除此之外呢？读者们，在我们来到的1812年和之前那几年，我主要在通过康德、费希特和谢林等人的著作学习德国形而上学。那么我是如何生活的呢？简单地说，我过着哪一阶级的生活呢？在那段时期，也就是1812年，我住在一座小屋里；身边只有一个女仆——"想歪的人可耻"（honi soit qui mal y pense）——我的邻居们把她称作我的"管家"。作为一个学者、一个有文化的人，从那种意义上来说，也是一个绅士，所以我会把自己归于那个被不太确切地称为"绅士"的阶层里。我这么说，一部分大概是因为上述原因，另一部分则是因为我没有明确的职业或是工作，完全有理由认为我是靠自己的私人财产过活的，邻居们是这么看待我的。另外，出于现代英国的礼节，我在信件等文书中也常常被称为"绅士"，尽管严格来说我恐怕并不具备那份荣耀所应有的骄傲：是的，人们认为我是XYZ绅士，但并非太平绅士，也不是首席司法行政官。我结婚了吗？还没有。我还抽鸦片吗？周六晚上抽。自从1804年那个"阴雨的周日"，我在"庄严的万神殿"从"幸福的药剂师"那儿接触鸦片以来，一直在不知羞惭地抽鸦片吗？——的确如此。抽了这么多鸦片之后，我身体感觉如何呢？简单来说，我怎么样？读者，感谢您，我感觉很不错：用女士们的话来说就是"好得不得了"。虽然按照医生们的理论，我*应该*会生病，但我斗胆说句老实话，我这辈子还从没像1812年春天那么好过。亲爱的读者，我也衷心希望，您这辈子喝过和打算喝的所有红葡萄酒、波特酒和马德拉白葡萄酒加起来，都不会对您的健康有太大影响，就像我在1804年到1812年这八年间抽的鸦片并没有对我的健康有太大影响一样。如此一来，您也可以看到，从《阿纳斯塔修斯》这本书里寻求医疗建议是很危险的，就我所知，从神学或是法学角度来说，这本书倒能给出不错的建议，但医学方面不行。相比起来，去求助于巴肯医生都要好得多，我就是这么做的，因为我从未忘记那位尊敬的先生的高见，一直"格外注意不摄入超过25盎司的鸦片酊"。滥用鸦片之慈悲的人是要遭到报应的，而我至少在1812年还对此毫不知情，我想原因正是这种节制和对鸦片的适度使用。同时也别忘了，我到那时为止还只是鸦片的业余爱好者，尽管已经抽了八年，但我很小心，总是留出足够的间隔时间，所以我抽的鸦片还不足以让我上瘾。但如今时代不同了。若您愿意，请您再移步到1813年。在前一年的夏天，由于一件非常令人悲伤的事情，我遭受了精神抑郁及其带来的身体问题。这件事除了引起我的身体不适之外，和我们现在要谈的问题没有任何关系，我就不赘述了。1812年的病和1813年的病是否有联系我不得而知，但事实是，在1813年，我患上了极其可怕的胃部不适，从各方面来说都和年轻时给我造成巨大痛苦的那种病一模一样，随之而来的还有那些复苏的旧梦。若我可以自辩，我要说这就是后来所发生的一切的转折点。而且此时我陷入了窘境：我要么就得消耗读者们的耐心，喋喋不休地详细描述我的病痛以及我是如何与之斗争的，以便说明我为何无法继续斗争下去；要么就只能将我故事的关键部分一笔带过，这样一来我就必须放弃之前给读者们留下的印象，让人误以为我是那种放纵自己的人，轻易就让自己滑入了抽鸦片的最终阶段（根据我的了解，多数读者可能都有这种误解的倾向）。这就是我的困境：它单凭一只号角就能掀翻并吞噬所有耐心的读者，尽管它会被勒住，但源源不断的新读者又将它释放，所以这个方法是行不通的。总而言之，我是视目的而做出必要的假定的。亲爱的读者，请以您和我的耐心去相信我的假定，就像我已经将它们证明了一样。请不要吝啬，不要让我因为自己的自制和为您的舒适做出的考虑而受到批评。请相信我要您相信的一切，也就是：我实在是坚持不下去了。您可以选择全心地相信我，给我信任的大赦令，也可以审慎地相信我，否则，在下一版的鸦片自白中，我会让您相信，更会让您颤抖：我会以极度无聊和令人厌烦的文字惊惧所有读者，让他们再也不会怀疑我认为有必要做出的任何假定。

所以，容我重申，我假定——我开始每天抽鸦片，完全是别无他法了。至于我后面是否再无可能成功戒除鸦片瘾（即使在我看来所有的努力都是白费），或是我做的无数努力是否不能再进行下去，还有我是否无法以更昂扬的斗志重夺失地——这些都是我必须婉拒的问题。也许我可以辩解一下，但我是否该完全坦率呢？我承认，我是一个十足的快乐论者，这一点是我挥之不去的弱点：我太渴望快乐了，无论是为我自己还是为了别人；我无法直面悲惨，无论那悲惨是不是我自己的；我也几乎做不到为了将来的好处而去面对当下的痛苦。在一些其他的问题上，我可以同意那位曼彻斯特棉花商[1]先生倾向于斯多葛派的观点，但是在这个问题上不行。在这里请容我采取折中主义的办法，我也很想找到其他贴心的派别，更能屈尊体贴鸦片吸食者的脆弱状况。如乔叟所言，找到一些"给予赦免的甜美之人"，在面对他们要求我这样的罪人进行的苦修和禁戒时，能表现出一些良心。我的紧张状况使我无法再忍受一个毫无同情心的道德家，就像我无法忍受没有煮过的鸦片一样。假如有人要我将一批自我否定和屈辱运往一趟道德提升的旅程，那他至少应该让我清楚地知道这趟旅途是有希望的。在我那个年纪（36岁），没理由假设我还有多余的精力去浪费：实际上，我感觉我的精力仅够应付我手头的脑力工作，所以，任何人都不要指望凭几句重话就能吓得我抖擞精神去踏上绝望的道德之旅。

不过，绝不绝望也好，我要说的都是1813年的挣扎。从那天起，读者们就应该把我看作一个有规

---

[1] 我经过曼彻斯特时，当地的几位绅士邀请我去了一间漂亮的新闻编辑室，我记得所办刊物的名字叫《门廊》。我从未去过曼彻斯特，所以从这个名字我还以为订阅者们想表明自己是芝诺的追随者，不过后来我被告知是我弄错了。

律的、确定的鸦片瘾君子了,再来问我在某一天有没有抽鸦片,就好像问那天我的肺部有没有呼吸,或是那天我的心脏有没有跳动一样。——这下您应该了解我是什么样的人了,您也应该明白,任何"胡子雪白"的老先生都没法儿让我交出我手上那"盛着致命之药的小小金瓶"。是的,我向所有人——无论是道德家还是医生——宣布,无论他们在自己的领域有怎样的骄傲和技能,一旦他们想用任何野蛮的提议让我进行鸦片斋戒,都不要希望从我这里得到好脸色。我们在这一点上达成共识之后,就能扬帆向未来起航了。读者们,我们已经在1813年逗留了太久,不介意的话,现在请您站起身来,再向前走三年。然后掀起帘子,这下您会看到一个全新的我。

　　无论贫富,如果一个人告诉大家,他要说说他一生中最快乐的一天,和那一天的来龙去脉,我相信我们都会大声叫道:听他说!听他说!就最快乐的"一天"而言,就算是智者也很难界定,因为任何事要在一个人回忆其一生时熠熠生辉,或是要为某一天带来幸福之光,必须要经得起时间的汰洗,必须为随后的许多年都持续提供同样的、至少是不太亚于当时的幸福(意外事件除外)。而如果要一个人说出他最快乐的五年,或是最快乐的一年,那就不需要许多智慧了。而对我来说,读者们,最快乐的就是我们现在到达的这一年,尽管我必须承认这一年只是之前和之后那些更加阴郁的年岁之间一个短暂的插曲。这一年水色澄明(用珠宝商的话来说),和鸦片带来的忧郁和阴霾相隔绝。听起来也许很奇怪,在这一年的不久之前,我曾没有费什么力就从每天吃320格令鸦片(也就是8000[1]滴鸦片酊)降到了每天吃40格令,也就降到了1/8的量。一时间,好像有魔法似的,一直以来笼罩在我脑海中的最深的忧郁,我曾看着那黑色的雾气从山巅卷集而来,一日之间就消散了;它那黑暗的旌旗也同时停息了,就像一艘船搁浅了,然后漂浮在春潮中,那春潮——

就像浓云一朵,一动也不动。

---

1. 这里我是按1格令鸦片等于25滴鸦片酊计算的,我相信这是通常的估算方法。不过,由于双方都是可变量(生鸦片的强度就各不相同,更别提酊剂了),所以这里不可能给出完全精确的计算。茶匙之间的差别也和生鸦片的差别一样大。小的茶匙大约能盛100滴;那么8000滴就是大概80勺。读者们可以看到我是坚决贯彻了巴肯医生的宽松指示的。

到那时，我又开心起来了：如今我每天只吃1000滴鸦片酊，那意味着什么呢？一个新近的春天来为我的青春岁月关上大门了：我的大脑像往常一样健康地运转，我又开始读康德了；我又能理解他了，或者是我幻想着理解他了。我的愉悦感又扩散到我周围的一切事物上了：要是有一个来自牛津或是剑桥，又或者并非来自这两所学校的人来造访我的小屋，我这个可怜人一定会竭尽所能地热烈欢迎、盛情款待。无论一位智者的快乐还有什么欠缺——我会把鸦片酊装在金瓶里，任其享用。既然说起分享鸦片了，我也顺便说一下这段时间发生的一件小事，虽然很琐碎，但是读者们很快又会在我的梦境中遇见它，而它对我的梦境造成了难以想象的可怕影响。有一天，一个马来人来敲我的门。一个马来人来到英国的群山里，要传递什么消息呢，我实在是想不出来，不过他也可能是在去往大约40英里远的一个海港的路上吧。

给他开门的是一个在山里土生土长的女孩儿，从来没见过亚洲人的打扮，所以他的头巾让她大惑不解。另一方面，他对英国人的了解和她对马来人的了解是半斤八两，这样一来，两人之间似乎有着一道无法跨越的鸿沟,想要沟通任何想法都是白搭——假如他们能有想法的话。在这种窘境中,女孩儿想起她的主人学识渊博(她无疑认为我拥有地球上所有语言的知识,不会的大概只有一两门月球语言了),于是跑来找我,告诉我楼下有个魔鬼,好像我能施法驱魔一样。我没有马上下楼,但当我下去的时候,那几人偶然造成的、并不复杂的场景,却比歌剧院芭蕾表演中极尽繁复的雕像般的造型还要吸引我。小屋的厨房墙壁上镶嵌着的深色木板由于年代久远和频繁的触摸变得像橡木一样,所以比起厨房来,这里更像是一间淳朴的门厅,马来人就站在那里——深色镶板映衬着他的头巾和脏白色的宽松裤子:他站得离女孩太近了,她似乎有些不情愿。尽管山地造就了她的无畏气质,她凝视着面前这只山猫时,脸上的表情还是说明她感到了单纯的敬畏,这两种心情正彼此斗争着。这张美丽的英国少女面孔和精致的秀丽,还有她笔直且独立的态度,对比着马来人那灰黄病态的、海风又涂上红褐色的皮肤,他那小小的、凶猛的、焦躁的眼睛,薄薄的嘴唇,还有他那奴性的姿态和崇拜——我想象不出比这更惊人的画面了。被面容凶恶的马来人挡着的,还有一个住在邻近小屋的孩子，他是跟着马来人偷偷溜进来的，这时他正重新把头低下来，一边向上盯着马来人的头巾和头巾下那火一般的眼睛，一边一手拉着女孩的裙子寻求保护。我对东方语言的了解不是太多，实际上只会两个词——阿拉伯语的大麦和土耳其语的鸦片（madjoon），我是从阿纳斯塔修斯那儿学来的。我没有马来语词典，连阿德隆的《语言大全》也没有——这本书本来还可以帮我说一两个词，所以我用《伊利亚特》里的几行诗句问候了他。我的想法是，在我会的语言里，从经度来考虑，希腊语是地理上最接近东方的语言了。他用一种最虔诚的态度崇敬我，然后用大概是马来语的话回答了我。这样一来，我保全了在邻居间的名声：因为马来人没办法泄露我的秘密。他在地上躺了大约一个小时，然后重新踏上了旅程。离开的时候，我给了他一块鸦片。作为一个东方学家，我觉得他一定很熟悉鸦片：他脸上的表情也证明了这一点。但是，让我惊讶甚至有点失措的是，他突然把手举到嘴边，然后把鸦片掰成三片，一口就囫囵吃下去了。我给他的鸦片足够把三个龙骑兵和他们的马都杀死了，所以我为这不幸的人感到惊慌，但又能怎么办呢？我因为怜悯他孤独的生活而送他鸦片，假如他是从伦敦步行而来，那他一定有将近三周没有跟人有过任何交流了。我怎么能违背热情好客的规矩，抓住他、给他灌催吐剂、吓得他以为我们要把他献祭给某个英国偶像呢？不，很明显我们帮不上忙了——他告别上路了，接下来的好几天我都感到焦虑不安；但我一直也没听说有马来人死去的消息，我开始逐渐相信他已经很习惯[1]鸦片了：这样一来，我就践行了我的初衷，给了他长途跋涉之后的一夜休息。

我插叙这件事是因为这个马来人后来总是出现在我的梦中（一方面是因为他参与组成的那幅图景，另一方面是因为我有一段时间都把他的形象和焦虑联系在一起），还带入了其他比他更可怕的马

---

1. 但这并不是一个必要的结论：鸦片在不同的构造上造成的不同效果是无穷无尽的。一位伦敦地方治安官（哈里奥特的《生活的奋斗》第3版，第3卷，第391页）曾经记录过，他第一次因为痛风吃了40滴鸦片酊，第二晚吃了60滴，第五晚吃了80滴，没有什么特别的效果；而且那时他年纪已经很大了。而我从一位乡村医生那里听来的另一件逸事则让哈里奥特的例子都显得微不足道；我计划写一本关于鸦片的医学论著，假如外科医学院能为我对他们在这个领域的愚昧启蒙而付我一些钱的话，我会出版这本书的，我会在书里写到这件事：这个故事实在是太好了，不能**免费**发表。

来人,"杀气腾腾"[1]地朝我奔来,把我带到一个充满烦恼的世界。不过让我们放下这段插曲,回到我那快乐的一年吧。我已经说过,在对于我们大家都非常重要的"快乐"这一话题上,我们应该愉悦地聆听任何人的经验或尝试,就算这个人只是个耕童,还不可能在人生的苦乐这片难解的土地上耕耘得有多深,也不可能在睿智的原则上有多高的造诣。而我,一个尝试过固体和液体的快乐、熟的和生的快乐、东印度和土耳其的快乐的人,一个用原电池在这个有趣主题上进行了试验的人,一个为了全世界的普遍利益而给自己接种了8000滴鸦片酊的人(出于同样的理由,一位法国外科医生最近让自己得了癌症,20年前一位英国医生让自己患了瘟疫,还有一个我不知道是哪个国家的医生让自己得了狂犬病)——如果有人知道快乐是什么,那一定是**我**(这一点一定会得到承认的)。由此,我要在这里对快乐做出一番分析;而作为最有趣的交流方法,我在这里不会说教,而是将快乐包裹在一幅夜晚的图景里,那一年我每天晚上都是这么度过的,尽管我

---

1. 去看任何东方旅行者写的吃了鸦片或是因为赌博输了而绝望的马来人有多么疯狂无状,就知道了。

每天都吃鸦片酊，但它对我来说不过是愉悦的仙药。说完这个之后，我会结束"快乐"这个话题，然后进入一个非常艰难的话题——**鸦片的痛苦**。

请您想象一个离城镇18英里的山谷里有一幢小屋，不是什么空旷的山谷，只是大约2英里长，平均3/4英里宽的山谷；这种设定的好处是，附近所有家庭会一同组成一个让你感到熟悉并且有趣的大家族。想象一些真正的山峦，大概3000—4000英尺高；小屋也是真正的小屋，而不是（像一个诙谐的作家所写的）"带有双马车房的小屋"：小屋是白色的（我必须遵守真正的场景），四周环绕着开满鲜花的灌木，灌木经过精心挑选，能一直爬到墙上、绕到窗边，无论是春天、夏天还是秋天都能欣赏到花朵——以5月的玫瑰开始，以茉莉结束。但我们不要想象春天、夏天或是秋天的场景，而要想象最严酷的寒冬。这是快乐中最重要的一点。我很惊讶人们总是忽视这一点，并为冬天的离去或是即将到来的冬天并不严峻而感到庆幸。我则恰恰相反，我每年都祈祷着冬天带来霜雪风暴，越多越好。自然，每个人都知道冬天待在火旁有多么令人愉悦：四点钟的烛火、温暖的毛毯、热茶、漂亮的茶壶、拉紧的

百叶窗、垂到地上的窗帘，而窗外正风雨大作，

> *好像在门窗处大声嘶吼，*
> *仿佛要将天地融为一体；*
> *却找不到一丁点入口；*
> *我们在大厅里安息得更加甜蜜。*
>
> ——《懒惰的城堡》

这些都是冬夜的要素，出生在高纬度地区的人们应该都十分熟悉。另外，大多数精巧的玩意儿，比如冰淇淋，都需要低温环境才能制作：它们都是严酷的天气才能催熟的果实。我并不"挑剔"，无论是雪还是严霜、（××先生所说的）"能像柱子一样靠着的"大风都可以，连雨我也可以接受，只要下得够大。但这一类的东西必须要有，要是没有，我就觉得自己吃亏了，要是我得不到一流的货品，我为什么要为冬天付出那么多呢——那些煤、蜡烛，还有各种连绅士也要遭剥夺的东西。不，我付出的钱值得一个加拿大的冬天，或者一个俄罗斯的冬天，在那里，所有人都只是北风对那片土地的永久所有权的共有者罢了。的确，我在这个问题上是个老饕

了，假如一个冬夜是过了圣托马斯节许久、已经可鄙地带有春天的气息，那我是没办法享受它的。不行，冬夜必须被一堵厚厚的黑夜之墙与所有的光明和阳光隔绝开来。所以，从10月下旬到圣诞夜正是快乐的时令，而且在我看来，它是和茶盘一起进屋的：有些人天生神经大条，或是因为喝酒而如此，以至于他们无法感受茶带来的微妙刺激，于是对茶发出嘲讽，但即便如此，茶总会是明智之士青睐的饮料。至于我，我会和约翰逊博士一起加入对乔纳斯·汉韦或是其他任何擅自诋毁茶的不敬之人的"灭绝之战"（bellum internecinum）。——但是在这里，为了省去我用文字描述的麻烦，我要给大家介绍一位画家，然后指示他对接下来的画面进行描绘。画家不喜欢白色的小屋，除非那白色因日晒雨淋而变了颜色，但既然读者们已经了解了这是一个冬夜，他就不用再费事去画外面的景色，而只要专注于屋内了。

那么，为我画一间长17英尺、宽12英尺的房间，高度不要超过7英尺半。读者们，这就是我家那用心装饰的客厅，由于这间房设计了双重功能，它同时更是一间图书室。因为和我的邻居们相比，我只在藏书方面比他们富裕。我大约有5000本书，是我从18岁开始慢慢收集的。所以，画家你可以尽量地把这些书画进去。让房间里堆满书吧，另外，再给我画一炉旺旺的火，还有适合学者那质朴小屋的质朴家具。在炉火旁边，画一个茶几，然后（很明显，这样的暴风雨之夜没人能来拜访）只要在茶盘上画两个茶杯和茶托就行了。还有，给我画一个永恒的茶壶，假如你知道怎么象征性地画这个东西的话，或者用别的方法也行——永恒的，自世界之始至世界之终。我通常从晚上八点钟喝茶到早上四点钟。另外，泡茶和自己给自己倒茶是很烦的，所以给我画一个坐在茶几旁的可爱的年轻女子。她的手臂像欧若拉，笑容像赫柏；还是不要了，亲爱的M，就算是玩笑，我也不愿意暗示你那照亮我的小屋的力量取决于易逝的容颜；我也不认为尘世的画笔能画出你那天使般笑容的魔力。那么，好画家，你就跳过这部分，去画那些画笔能表达的东西吧：下一个入画的自然是我本人了——鸦片吸食者的画像，那"致命之药的小小金瓶"倒在他身旁的桌上。至于鸦片，见到**那个东西**的画像我是没意见啦，当然我更愿意看到实物：如果你愿意，可以画。但我要告诉你，就算在1816年，也没有哪个"小小的"瓶子能解决**我的**问题，因为我离那"庄严的万神殿"和所有的药剂师（无论是尘世的还是天堂的）都很远很远。你还不如画一个真的瓶子，不是金的，而是玻璃的，越像酒瓶越好。在这个瓶子里你可以放入一夸脱红宝石色的鸦片酊，旁边摆上一本德国形而上学的著作，这样就足以说明我在那里了，至于我自己，还是不要画了。我承认，按道理我应该占据画面的前景，作为这幅画的主人公，或者说作为受到公开审问的罪犯，我的身体应该被传唤到场。这看起来很合理；但在这样一个时间里，我为什么要对一个画家进行自白陈述呢？说到底，为什么要自白呢？假如大众（我是朝着他们的耳边倾诉自白，而不是朝着什么画家）恰好自行想象了一幅关于鸦片吸食者外表的悦目图景，假如他们浪漫地想象出他是个优雅的人，或是有一张英俊的面孔，我为何要野蛮地将如此令人愉快——既令读者愉快，也令我愉快——的幻想撕破呢？不要了：如果你一定要画我的话，就按你的想象来画吧；画家的幻想里应该满是美丽的事物，这样一来我肯定不会吃亏的。现在，读者们，我们已经梳理了我在1816—1817年左右所处状况的十个方面,直到1817年年中,我都认为自己是个快乐的人:而那快乐的要素我已经在上述风雨之夜、山中小屋中、学者图书室内景素描里努力呈现给你们了。

但现在,再见了——向快乐长久地道别了——冬或夏!再见了欢声笑语!再见了内心的宁静!再见了希望和安梦、睡眠的慰藉!接下来三年半多的时间,我不得不远离它们:如今我到达了一部悲伤的《伊利亚特》,因为我必须要记录……

⇢⇢ 鸦片的痛苦

>——如某位伟大的画家以其
>
>画笔蘸取地震与日蚀的阴翳。
>
>——雪莱《伊斯兰的起义》

伴我至此的读者们,我必须请您注意以下三点解释:

第一,由于种种原因,我没能把我的叙述中的这一部分笔记写成规范的、连贯的文体。我只是将它们按我发现的顺序展示出来,或者是依照记忆即时草拟出来。有一些笔记内容就包含了日期,有一些我标注了日期,还有一些没有日期。若有需要,我不会在意时间顺序,会随时挪用它们。有时我的叙述用现在时,有时用过去时。也许没有几条记录是完全在它们所述的那个时间写就的,但这完全不影响它们的准确性,因为这些事情在我脑海中留下了太深的印象,永远都无法磨灭。我还省略了很多东西。对于那些压在我脑海的恐怖的重担,我无法轻易地让自己只去回忆或是轻描淡写。所以省略一部分是出于这个原因,另外也因为我是那种很不擅长整理的人,而我现在身在伦敦,平日里惯于帮我整理誊写的人不在身边。

第二,也许您会觉得我对自己的隐私王国太无保留。也许如此吧。但我的写作方法更像是在遵从自己的心情大声思考,而不过多地去想我的读者是谁;如果我停下来去考虑对这个人或是那个人说什么话是合适的,那我很快就会怀疑所有话都不该说了。事实上,我把自己放在距离现在15年或是20年的一个位置上,然后假装我在朝那些对我后来的故事感兴趣的人书写;我也希望给那段除我之外没人知道的历史留下一个记录,所以我在此事上不遗余力,因为我也不知道以后还有没有时间做这件事了。

第三,您也可能经常会疑问,为什么我不把自己从鸦片的恐怖中解放出来,戒掉它或是减少用量呢？对此我必须简要回答：你可以认为我过于轻易地就向鸦片的魅力投降，但你没法儿认为有人会被它的恐怖所吸引。所以，读者们大可相信，我为减少用量做了无数的努力。我再补充一句，最先求我打消这个念头的，不是我自己，而是那些目睹了我在这些努力中所受之苦的人。但我不能每天减少一滴，或是往里面加水稀释吗？一千滴稀释一半大概需要大约六年，所以这也行不通。不过这是对鸦片没有亲身体验的人常有的误解，那些吃过鸦片的人可以出来说一说，到了某个阶段，继续戒除是很轻松甚至惬意呢，还是会有巨大的痛苦？好吧，很多不动脑子、不知道自己在说什么的人会说，你可能会经历几天的精神低迷和沮丧吧。我的回答是，不对，根本就不是什么精神低迷；相反，人体中兽性的部分会异常亢奋：血压升高，精神抖擞。但要吃的苦并不在那儿。这也和戒酒时的痛苦完全不同。戒鸦片时感到的是胃部无法言喻的不适（很明显不是什么沮丧），伴有大量出汗，还有一些其他的感觉，篇幅所限，难以尽书。

那么现在我就直奔主题，从我经历的鸦片痛的巅峰时期入手，说一说鸦片对人的智力造成的麻痹效果。

我的学习已经完全中断了。我没办法享受阅读，几乎要强忍着才能读进去。但我有时仍会读书给别人听，因为朗读是我的一项才能，而如果按俚语把"才能"理解为肤浅的、装点的学识，那么朗读大概是我唯一拥有的了：如果说我曾自负于自己的什么天赋或才能，那就是朗读了，因为我发现，朗读是最稀有的才能。演员是最差的朗读者：××读得令人厌恶；而著名的××女士除了戏剧作品之外什么也读不好，她读出来的弥尔顿让人难以忍受。人们要么就完全不带感情地朗读诗歌，要么就逾越自然的质朴稳重，读得不像个学者。近来，若说我曾被书中的某些内容打动过，那一定是我自己大声朗读的《力士参孙》中的宏伟哀歌，或是《复乐园》中撒旦演讲的伟大和谐。有位年轻女士有时会来访，和我们一起喝茶，应她和M的要求，我偶尔会为她们朗读W的诗歌。（顺便说一下，W是我见过的唯一一位能把自己的诗歌读出来的诗人，而且他读得确实很出色。）

在将近两年的时间里，我想我大概只读了一本书：为了回报作者、表达我的感激之情，我有必要在这里提一下那本书。如前文所述，我仍旧会断断续续地读那些更加庄严、激情的诗人，但我很明白，我的主业是进行分析理解的练习。一般来说，分析学习是连续性的，断断续续的、碎片化的学习是很难达到目的的。这样一来，数学和哲学之类的研习我就无法进行了；以往我能花上一小时去解决难题，获得快乐，如今我却只能怀着无力感和孩童般的虚弱感退避三舍，两相比较，苦恼更甚。此外还有一个原因，之前我将毕生的精力和学识的花与果都投入到了一项缓慢而复杂的工作中，那就是写一本书，我打算以斯宾诺莎未完成的《知性改进论》作为这本书的标题。如今这项工作已被束之高阁，就像那些开工时大张旗鼓，实际却超过了建筑师能力范围的西班牙桥梁或水道一样。我本以为这项工作至少可以为我留下一座丰碑，纪念我的愿望与抱负，纪念我以主赐的才能献身于提升人性的伟大事业中，但事与愿违，最终在我的子孙看来，这座纪念碑记录的大概只是失败的希望、无果的努力、无用的材料和永远空空荡荡的基座——总而言之，是建筑师的悲伤与毁灭。在这种愚钝的状态下，我为了好玩儿而将注意力转向了政治经济学，以前我的理解力像鬣狗一样活跃，我想（只要我还活着）应该也不至于完全沉沦，而对我这种状态的人来说，政治经济学的好处就在于，尽管它是一门有机的科学（也就是部分和整体会相互作用），但各个部分可以拿出来单独考虑。尽管这时我的能力已经大大降低了，但我还没忘记我所拥有的知识，而多年以来我的理解力一直是跟随着那些严苛的思想家、伟大的学者而前进的，完全没有意识到现代经济学家这个群体有多么无力。1811年，我被领着读了一大堆经济学各个分支的书籍和小册子，另外，按我的想法，M有时候会为我读一些新近书籍里的章节或是国会辩论的内容。我发现这些东西一般都是人类智慧的渣滓和沉淀物，任何头脑健全、逻辑纯熟的人都能用两根手指把所有的现代经济学家捏死，用一把小姐的扇子就能把他们的蘑菇头碾成齑粉。最后，在1819年，一位爱丁堡的朋友给我寄来了一本里卡多先生的书：我之前曾预言，这门学科终将出现开宗立派者，拿到这本书后，我还没读完第一章就发出感慨："就是你了！"惊讶和好奇在我身上早就绝迹了，但此时我再次感到了惊奇：我惊奇于自己居然能再次从阅读的努力中找到刺激,但我更多是惊奇于这本书。这本深奥的书真的是写于19世纪的英国吗?这可能吗?我还以为思考[1]在英国已经灭绝了。一个英国人,并且他不是学术界的人,同时还承受着商业和参议院事务的压力,居然完成了如此巨著,而欧洲所有大学在过去一个世纪的思想基础之上甚至都没能完成他一根头发丝那么多的成就,这是真的吗?其他所有作者都被事实和材料的巨大重量碾压了,里卡多先生凭借其理解力演绎出种种法则,照亮了材料那庞大的混乱,同时他也将以往的种种浅论构建成了一门比例合宜的科学,让其第一次立足于永恒的基础之上。

如此,一本有着深刻理解力的书就为我带来了多年不曾体验的愉悦和活跃——它甚至促使我写下,或者至少是口述了M为我写下的东西。在我看来,即使是里卡多先生那"如炬的目光"也漏看了一些重要的事实;而相比起经济学家们常用的那些笨拙

---

1. 读者们必须明白这里"思考"是什么意思,否则这句话听起来就太放肆了。近来,英国在创造性和结合性思想方面涌现了一大批精细的思想家,但在各种分析路径上,我们还十分缺少有力的思想家。一个有名的苏格兰人告诉我们,由于缺少勇气,他不得不连数学都要放弃。

又啰唆的词句，我发现的这些事实多半都能用代数符号更简明优雅地表达清楚，这样一来篇幅不会超过一个袖珍本。篇幅这么短，再加上有M帮我誊写，就算虚弱如当时的我，最终也写成了《未来所有政治经济学体系绪论》。我希望这本书读起来不会有鸦片味，当然，对大多数人来说，政治经济学这个话题本身就令人昏昏欲睡了。

但这次的努力只是昙花一现，后续的事情说明了这一点——我打算出版我的作品。我和一家大约18英里外的当地出版社联系了出版事宜，雇了一个排字工为这本书进行了几天的排版，甚至还打了两次广告：在某种程度上，我很确信这件事能办成。但是，我还要写一篇前言和一篇致谢辞，而且这篇致谢辞要写得出彩一些，才好献给里卡多先生。我感觉自己好像无力完成这么多事情。最后，出版取消了，排字工解雇了，而我的"绪论"也就安静地躺在了其他更高贵的兄长身边。

以上，我描述了我在智识方面的迟钝，在鸦片那喀耳刻式的咒语之下的四年时间里，我或多或少都是处于这种状态之下。除了遭受痛苦折磨的时候之外，可以说我是以休眠状态存在于世的。我很难提笔写完一封信,对我收到的所有信件,我最多能简短地回复几个字,而且那也是来信已经在我的书桌上躺了几周甚至几个月之后的事了。要是没有M的帮助,所有的账单付款记录还有**待付**的账单肯定早就过期了;那我家的经济——无论"政治经济"变成什么样——肯定也会陷入无法挽回的混乱之中。后面我不会再提到这部分内容了;但鸦片吸食者会发现到头来这一点造成的压迫和折磨不亚于其他任何问题,其压迫源于无力感和虚弱感,源于忽视拖延日常责任带来的尴尬处境,也源于对这些不良行为的懊悔,这懊悔会使一个有思想有良心的人感到更加刺痛。鸦片吸食者并没有失去他的道德感或是志气:他一如既往热忱地希望和追求他认为可以实现的事业,也时常感到受到自己承担的责任;但他从智识上认为可以实现的东西是大大超过他能力所及的,不止超过了他完成一件事的能力,甚至都超过了他去尝试一件事的能力。他被梦魇和噩梦压得不能动弹:他躺在那儿看着他愿意去做的事,就像一个患有肌无力、不得不躺在床上的人被强迫目睹自己最爱的事物遭受伤害或恶行一样——他诅咒那束缚着他的咒语;要是能站起来走路,他甚至愿意付出生命,但他却像个婴儿一样无力,连试着坐起来都做不到。

现在我要进入这部分自白的主体部分了,也就是我梦中经历的记录,这些大概就是我最深的苦难的直接原因了。

关于这段时期我的身体发生的重要变化,我首先要说明的是一种儿童常见的视力状况或是亢奋状态重新出现了。不知道读者们有没有注意过,很多儿童,也许大部分吧,能在黑暗中看到各种各样的幽灵。有些小孩儿只是单纯能看到幽灵;另一些小孩儿则能主动或是半主动地召唤或驱赶幽灵;有一次我问过一个小孩儿,他说:"我可以叫他们走,他们就走了,但有时候我没叫他们来,他们也会来。"我告诉他,他对幽灵近乎有一种无限的掌控,就像罗马百夫长对他的士兵一样。——我想大概是在1817年年中,这个问题很困扰我了:晚上我躺在床上睡不着的时候,就会看到一批又一批的幽灵从我眼前飘过的悲壮盛况,还有没完没了的故事,其哀伤肃穆仿佛来自古老的时代,早于俄狄浦斯或普里阿摩斯——早于泰尔——早于孟斐斯。同时,我的梦境也发生了相应的变化;我的脑海中似乎突然出现了一间明亮的剧场，每夜都会上演超越人世辉煌的盛大演出。这时有如下四点值得注意：

第一，随着眼睛那创造能力的增强，清醒和梦幻状态似乎在我的脑中逐渐融合——我在黑暗中唤起或看到的东西常常会出现在我的梦里，所以我变得害怕用眼睛看东西了。迈达斯能把所有东西都变成金子，这能力尚且断绝了他的希望、骗取了他的欲望，那些我只要在黑暗中想起就会马上呈现在眼前的事物更是如此。随后，不可避免地，就像用隐色墨水书写的内容一样，一经模糊梦幻色彩的追踪，二者就在我的梦境中起了强烈的化学反应，最终显露为令人难以忍受的禁锢心灵的盛景。

第二，上面这点和我梦中的其他所有变化一样，都伴随着深植的焦虑和忧郁，无法言喻。我好像每晚都会沉沦，不是比喻意义上的沉沦，而是真的沉沦，沉入深谷、不见天日的深渊，越来越深，直到再无爬上来的可能。就算是醒过来了，我也没感觉自己*真的*爬上来了。关于这一点我不多说了，因为伴随着这种华丽场景的忧郁最终变成了完全的黑暗，带有自我毁灭的消沉，它也是无法用文字描述的。

第三，空间感会受到严重影响，到了最后时间感也一样。建筑和地形等东西会以一种眼睛难以接受的巨大比例呈现出来。空间膨胀起来，最后扩张成难以言表的无限。但这些给我带来的困扰都不如时间的巨大延伸；有时候一夜之间我仿佛过了百年；不，有时候感觉是过了千年，或者说是远远超过了人类经验所限的时间。

第四，儿时最琐碎的事情，或是往年早已遗忘的经历，如今会经常重现：我并不是回忆起了它们；因为如果在清醒的时候被告知这些事，我自己都无法确定它们是不是我过去的经历。它们就这么被放在我面前，就像直觉一样出现在梦里，带着往昔的境遇与情感。我立即就**认出**了它们。曾经有一个亲人告诉我，她小时候有一次掉进河里差点儿淹死，还好后来被人救了上来，在死亡边缘的那一刹那，她看到自己一生大大小小的事情都出现在眼前，如在镜中，而她也突然能理解其中的所有。根据我吃鸦片的一些经历，我相信她说的，我也的确在两本现代著作中见到过类似的说法，还有一个我认为相当真实的评论，那就是《圣经》里所谓的可怕的账簿实际上就是我们每个人的头脑。所以至少我能确定，对于头脑来说，并不存在什么"遗忘"。成千上万的事情发生，从而在我们当下的意识和头脑中的秘密印记之间投下一道帷幕。如果发生了类似的事情，这帷幕也可能被撕裂，但无论有没有这道帷幕，印记总是在那里的，就像白天里星星好像消失了，但实际上我们知道是阳光遮蔽了它们——而星星们只是在等着阳光退去，它们能再度闪烁。

将我的梦境和健康人的梦境之间的主要区别说清楚之后，现在我要针对第一点举一个例子，在那之后，我还会再举些别的例子，有可能会按时间顺序，也可能按我认为便于读者理解的其他顺序。

青年时代的我是李维的忠实读者，甚至后来也偶尔会读他的书来自娱，我承认，比起其他罗马历史学家，我更喜欢他写作的风格和内容：我常常感到李维作品中经常出现的词——"罗马执政官"（Consul Romanus）——听起来最为肃穆可惧，最能代表罗马人民的最高权威，尤其是当他介绍执政官的军事特征时。我的意思是，比起国王、苏丹、摄政王或其他那些代表着一族人民集体权威的头衔来，"执政官"一词更能引起我的敬畏。另外，尽管我不是史书的热衷者，却仍然仔细学习了英国内战时期的历史，那是因为我被那个时期一些人的高尚品德，以及从那个动荡时期留存下来的有趣回忆录所吸引。这两方面的休闲阅读曾给我提供许多思考的东西，如今则为我的梦境提供了素材。我醒着的时候会先像彩排一样在黑暗的虚空中描画，接下来我就常常会看到一大群女士，也许还有一个盛典，她们在那里舞蹈。我会听到有人说，也许是我自己对自己说，"这些是来自不幸的查理一世时期的英国女士。她们的丈夫和父亲曾和平相处、同坐桌前，并以姻亲或血脉相连。但是在1642年8月的某日之后，他们再不曾朝彼此微笑，也只在战场相见，在马斯顿沼泽、纽伯里和纳斯比，他们以利刃斩断所有爱的纽带，以鲜血冲走往昔情谊的记忆"。——女士们翩翩起舞，看起来如乔治四世时期的宫廷仕女一样可爱。但即便在梦中，我也知道，她们已经长眠于墓中近两个世纪了。——这样的盛会会突然消散，然后，弹指之间，我就能听到罗马执政官那令人心颤的声音，紧接着走过的就是身着华丽官服的鲍罗斯或马里乌斯，他们身旁围绕着一群百夫长，殷红的袍子举在长枪上，后面跟着山呼海啸的罗马军团。

许多年前，我在欣赏皮拉内西的《罗马古迹》

时，站在我身边的柯勒律治先生给我描述了这位艺术家名为《梦》的一系列画作，在画里他记录了自己因发烧而陷入谵妄时所经历的幻觉。其中有一些（我仅凭对柯勒律治先生所述内容的记忆来描写）描绘了巨大的哥特式大厅：地板上散落着各种引擎、机械、轮子、缆线、滑轮、杠杆，等等等等。这表现了曾施加于此的巨大力量以及被打败的抵抗之力。沿着墙面看去，你能看到一个楼梯，楼梯上站着皮拉内西本人，他正摸索着向上走，沿着楼梯再往上一点，你会发现楼梯突然断了，也没有栏杆，走到那里的人一步也不能往前了，再往前只会掉下去。你想，不管可怜的皮拉内西怎么办，他的努力也只能到此结束了吧。但是抬头看看，更高处还有一段楼梯：你看到皮拉内西又站到那儿去了，不过这次他正站在深渊的边缘。再向上看，又能看到一节更高的楼梯：可怜的皮拉内西又在那里忙碌地向上攀登，如此这般，直到未尽的楼梯和皮拉内西都消失在大厅顶部的阴暗中。——我也是用这种无尽的生长和自我复制的能力来建造梦境的。在我病症的初期，梦境的壮丽的确主要体现在建筑方面：我见到了清醒时只在云中见过的城市和宫殿。我要引用一

位伟大的现代诗人的一段诗,这段诗描写的是在云中见到的景象,但我经常在梦中见到:

> 此刻瞬间出现的景象,
> 是一座巨大的城市——放胆一言,
> 是一片建筑的荒野,深深下沉,
> 自行退入奇妙的深处,
> 深深沉入奇景——无穷无尽!
> 它似乎由钻石和黄金构成,
> 有着雪花石膏的穹顶和银质的尖顶,
> 耀眼的平台一层一层,高高升起;
> 此处,街道上露出宁静灿烂的亭阁;
> 彼处,城垛环绕着高塔,悸动的墙面
> 绽放出星光——所有珍宝的光芒!
> 这奇景以尘世的自然感动了
> 风暴的黑暗,令其平息;除了风暴,还有海湾,
> 还有峭壁与山巅——雾气朝那里消退,
> 停留在蔚蓝天空之下。

这神圣的景象——"悸动的墙面绽放出星光"——可能是从我的梦里取材的,因为那经常发

生。据说，现代的德莱顿和富塞利曾说，要想做出非同一般的梦，最好去吃生肉：为了达到这个目的，吃鸦片不是好得多吗？但我却不曾听闻哪位诗人曾如此做过，除了戏剧家沙德韦尔之外。另外，在古代，人们说荷马了解鸦片的效果，我想这也是真的吧。

除了建筑之外，我还梦到过湖水和银光倾泻的水面——这种景象长久地萦绕在我脑海，以至于我害怕（医生可能会觉得这很滑稽）脑部水肿的症状或是类似的趋势正使自己成为（用一个形而上学的词来说）**客观现实**，而头脑这一具有感知的器官将它自己**呈现**为自己的客体。——在两个月的时间里，我的头脑受到了巨大的折磨——我身体的这一部分到彼时为止都不曾有任何弱点（我是说肉体上的），我甚至曾预言它将活得比我身体的其他部分更久，奥福德伯爵也曾这么说过他自己的胃——到那时为止，除了我自己的愚蠢导致的风湿病之外，我甚至没有得过一次头痛或是任何轻微的病痛。无论如何，我终于是挺了过去，尽管那肯定已经是非常危险的状况了。

水也改变了性状——不再是透明的、像镜子般闪耀的湖水，而是变成了海洋。与之相伴的还有一个巨大的改变,这一变化像卷轴一样在漫长的岁月里缓缓展开,成为一种持久的痛苦;事实上,直到我故事的结尾,它才终于离我而去。在那段时期之前,我的梦中总是混杂着人类的脸庞,不过它们并没有霸占梦境,也没有造成任何痛苦。但到了那段时期,我所谓的人脸的暴政开始浮出水面了。这也许与我在伦敦的生活经历的某些部分有关。即便如此,梦中人脸出现的地方却是大海那汹涌的水面:海面似乎铺满了无数的脸孔,所有人都面朝天空;哀求的脸、愤怒的脸、绝望的脸,被海浪向上托举着,成千上万,数之不尽,男女老幼,从古到今。——我的焦躁无穷无尽,——我的头脑也被扔了出去——和大海一起涌动。

1818年5月

那个马来人成为我可怕的敌人已经好几个月了。每天晚上,因为他的缘故,我都被传送到某种亚洲场景中。我不知道其他人在这一点上是否和我有共鸣,反正我经常想,要是我被逼离开英国去中国生活,在中国的土地上、用中国人的习惯和生活方式过日子,我一定会疯掉的。我的恐惧有很深的根源,其他人一定也对其中的一些感同身受。一般来说,南亚地区充满了可怕的形象和联想。作为人类种族的摇篮,它本身就带有一种昏暗而可敬的感觉。但还有其他原因。没有人能假装非洲或其他蛮荒部落那些原始野蛮又任性的迷信对他们的影响,能像印度斯坦等地那古老而不朽、残酷又繁复的宗教一样。亚洲的事物、制度、历史和信仰模式十分古老,这一事实本身就令人印象深刻。一个年轻的中国人在我看来就像是一个重生于世的大洪水时期的人一样。即使是从未受过关于此类制度的教育的英国人,也不得不在这**等级**制度的神秘庄严面前颤抖,这种制度历经远古时光的汰洗,源流独特,拒绝融合,也没有任何人在听到恒河、幼发拉底河这样的名字时能不感到敬畏。更有甚者,南亚数千年来是地球上人口最为密集的地区,是伟大的"民族工厂"(officina gentium)。在那些地区,人就像一棵杂草。亚洲众多人口往往构成庞大的帝国,这也进一步为所有来自东方的名字和形象增添了庄严之感。就中国而言,除了与南亚其他地区相联系的一般印象之外,我更害怕那里的生活方式和习俗,因为一种深沉到无法分析的感情在我和中国之间竖起了一道屏障,我只感到完全的厌恶,无法共情。我宁愿去和疯子或野兽一起生活。读者须首先理解以上种种,以及许多我无法尽述的详情,方能理解那些满是东方形象和神话般的折磨的梦境给我带来了多么难以想象的恐惧。在热带的温度和直射的阳光之外,我把所有能在热带地区找到的生物、鸟、野兽、爬行动物、树木植物,包括它们的用途和外表,一股脑儿放进中国和印度斯坦。出于类似的感情,我也很快将埃及及其众神纳入了同样的法则之下。猴子、长尾小鹦鹉和凤头鹦鹉盯着我看,向着我叫,朝着我笑,对着我絮絮叨叨。我闯入宝塔,被困在塔尖或是秘密房间长达数个世纪;我成了偶像;我成了祭司;我被崇拜;我被献祭。我逃离梵天的盛怒,穿过亚洲所有丛林;毗湿奴憎恨我;湿婆伏击我。我突然碰到了伊西斯和奥西利斯:他们说我犯了事,那事连朱鹭和鳄鱼听了都要颤抖。我被埋在永恒金字塔中心狭小房间内的石棺中长达千年,身边围绕着木乃伊和斯芬克斯。鳄鱼给我送上癌性的亲吻;我躺在各种难以言表的黏糊糊的东西中间,躺在尼罗河的芦苇和烂泥中间。

如此，我为读者们提供了我所做的东方梦境的一些简单提要，这些梦境的怪异景象总是让我充满惊奇，以至于一时之间恐惧似乎变成了单纯的震惊。不过迟早会有一种情绪逆流吞噬这种震惊，之后的我与其说是恐惧，不如说是满怀对我所见之物的憎恶和怨恨。种种形式、威胁、惩罚和不见天日的幽禁在我的心中生出一种永恒和无尽之感，其压迫几乎令我发狂。一直以来，我在梦里感到的都是道德与精神上的恐怖，只有一两次例外。但这里来对付我的是丑陋的鸟、蛇或是鳄鱼，尤其是鳄鱼。对我来说，可怕的鳄鱼比其他任何东西都恐怖。我被迫和鳄鱼一起生活，而且（我在梦中经常如此）要过好几千年。有时候我逃走了，然后发现自己到了中国的房子里，那里有藤桌之类的东西。桌脚和沙发脚很快就活了过来：鳄鱼那可怕的头，还有那斜睨着我的眼，都幻化出了成千上万，而我只能目瞪口呆又满心厌恶地站在那里。这讨厌的爬行动物如此频繁地出现在我的梦里，以至于有很多次都是以同一种方式醒过来：我听到轻柔的声音在对我说话（我睡着的时候什么都能听到），然后我立马就醒来了，时间已到了大中午，我的孩子们手拉手站在床边,他们过来让我看他们的彩色鞋子或是新裙子,要么就是让我看他们为出门而打扮得漂漂亮亮的。从梦境中可恶的鳄鱼还有其他那些说不清的怪物,到现实中看到儿童那天真无邪的人类天性,这种巨大转变让我霎时感到了内心的强烈反应,在亲吻他们脸颊的时候我不由自主地哭了起来。

1819年6月

我在不同的时间都曾说过,关于我们所爱之人的死亡,或是说普遍意义上的死亡这件事,(在其他条件相当的情况下)在夏天思考要比在其他季节思考更令人有感触。我想原因有三:首先,夏天的天空看起来更高远、更无穷(请原谅我的文理不通),夏天的云也有着更大的体积,聚集得更宏伟高耸,而我们主要是通过观察云来界定头顶那蓝色亭阁的距离的;其次,夏天日薄西山的光芒,其类型和特性都更适合无限的事物;最后(也是最主要的原因),洋溢而放纵的生命挥霍自然而然地让人想到与其相反的死亡,以及属于坟墓的凛冬般的贫乏。因为一般来说,两个相互对立、互相排斥的思想也是互相联系的,想到其中一个就自然令人想到另外一个。出于这些原因,每当我在夏季那无尽的长日里独自行走时,关于死亡的想法总是在我的脑海中挥之不去。在夏天,某些人的死亡就算不会变得更令人感慨,也会更顽固地萦绕在我心头。这个道理,加上一件我不再赘述的小事,也许就是我接下来要说的这个梦的直接诱因,不过在我的头脑里早已有了做这个梦的倾向,而一旦它被唤醒,就再也不肯离开,它裂变成千万种奇特的形态,它们经常又突然再合并重组到原始的梦境中。

我想那是5月的一个周日早晨,那是个复活节,还在清早的时候。我好像正站在我的小屋的门前。我眼前的景象正是那种场合能看到的,但一如既往地受到梦境的影响而变得更为庄严了。山还是那座山,山脚下也是那条可爱的山谷;但山变得比阿尔卑斯还高,山与山之间的草地和林地也比原来广阔得多了;树丛里开满了白色的玫瑰;到处都看不到生物,只在教堂庭院的青翠墓地里有一些牛羊在安静地休息,它们围在一个我深爱的孩子的坟墓周围,就和那孩子在那年夏天的某个清晨死去时我看到的一样。我凝望着那幅景象,大声(我是这么想的)

对我自己说:"太阳还没升起来,今天是复活节,他们在这一天庆祝基督复活的最初成果。我要到处走走,今天要忘记过去的悲伤,因为空气凉爽而安静,山峰很高,高耸入云。林间空地和教堂庭院一样安静,我可以用露水把额头上的热气冲走,然后我就不会不快乐了。"然后我转身,好像要去开我的花园大门,我立即就看到一幅非常不同的画面,但梦境的力量又让它和之前那幅景象变得和谐起来。这边的景象充满东方色彩,也是在复活节的清晨。在很远很远的地方,在地平线上能看到点点的城市穹顶和圆塔——这大概是我儿时看耶路撒冷的图片时留下的淡淡印象。在离我不到一箭远的地方,犹太棕榈的树荫下,一个女人坐在石头上,我朝她望去,那是——安!她热切地盯着我,终于,我开口对她说道:"我终于找到你了。"我等着她回答,她却一言不发。她的脸还和我们分别时一样,却又如此不同! 17年前,当路灯照在她的脸上时,当我最后一次亲吻她的嘴唇时(安,她的嘴唇对我来说不曾被玷污),她的眼中满是泪水:如今泪水已被拭去,她看起来比那时候更美丽了,但除此之外一如往昔,不曾老去。她面容平静,却带有不同寻常的肃穆。

我稍有敬畏地望着她,而她的表情突然变得阴郁了,我们来到了山上,我看到雾气在我们之间翻涌。一瞬之间,一切都消失了,浓重的黑暗涌了上来。眨眼之间,我又远离了群山,这下正和安并肩走在牛津街的路灯下——一如我们17年前还是孩童时一起散步。

我再引用1820年的另一条风格不太一样的记录作为最后的例子。

这次的梦以一段我常在梦中听到的音乐为开端——带有准备和悬疑开端意味的音乐,有点像加冕颂曲的开头,也像加冕颂曲一样给人一种大行军的感觉——无尽的队伍在行进——无数的军队在踏步。那是一个重要日子的早晨——那个危机之日将影响人类的最终命运,他们当时已深受某些神秘天象的影响,并进行了沉重的劳役。不知如何,我从不知道何处,也不知道听何人说起,总之我知道正在进行一场战役、一场冲突、一次挣扎——事态的发展像一场伟大的戏剧,或是一首乐曲。但由于我对此事的地点、原因、性质与可能的问题都十分困惑,我的同情心更加无法承受。我在梦中(我们在梦里总是把自己置于一举一动的中心)一如既往地有能力做决定，但同时又没有能力做决定。如果我能站起身来，我就有能力去许下愿望，但同时我又没有这种能力，因为好像有20个大西洋的重量或是解释不了的负罪感沉沉地压在我身上。我躺在"深不可测的海心"，无法动弹。接着，种种激情像合唱团一样加深了。现在起作用的是某种更高的利益，某种刀剑不曾追求的、号角不曾宣告的更伟大的事业。然后就是突然的警报；人们四处奔跑；数不清的逃亡者瑟瑟发抖，不知究竟是为了那善的目标还是恶的；黑暗与光明；风暴与人脸；最后是一切都失落了的感觉，女性的外形、对我来说超越世间一切的容貌，仅仅一瞬；——有人拍手，有人心碎离别，接着是——永恒的道别！随着一声叹息，那叹息仿佛是乱伦之母呼唤死亡那可怕名字时自地狱深渊发出，叹息声回响着——永恒的道别！再一次，又再一次地回响——永恒的道别！

然后我挣扎着醒来了，大声哭喊道："我再也不睡觉了！"

不过现在我必须为这篇长得过分的叙述画下句号了。如果篇幅允许，我使用的材料也许能更好地展开，很多我没用上的材料也能发挥一些作用。不过我大概说得够多的了。现在我该说说这种恐怖的冲突最终是如何变成危机的。读者们已经(从第一部分的简介章节开头的某段文字)知道,这位鸦片吸食者最终"将束缚他的那受诅咒的锁链几乎完全解开了"。如何做到的呢?按照最初的设想,要说清楚这一点,篇幅会大大超过允许的限度。很幸运,由于有这样一个让我删减文字的有力理由,以更成熟的眼光来看这件事,我非常不愿意用任何不能打动人的细节去损害这段故事给大家留下的印象,这也能满足我这个尚未正名的鸦片吸食者的审慎与良知——甚至(当然这只是一个细枝末节的理由)从行文来说,我也不愿意以这些细节去损害其结构。精明的读者们感兴趣的不是那些令人着迷的咒语的内容,而是它们的魔力。这个故事真正的主角不是鸦片吸食者,而是鸦片。鸦片也是人们兴趣聚焦的中心所在,这是天经地义的。我的目的是展示鸦片那神奇的能力,无论是给予快乐的能力,还是带来痛苦的能力:如果我做到了这一点,那么这本书的使命也就完成了。

饶是如此,总有一些人要穷追不舍地问鸦片吸食者究竟怎么样了,对此我给出答复:读者们很清楚，鸦片的帝国早已不是建立在其快乐咒语之上的了，它能维持其统治，靠的完全是尝试戒断时那难以忍受的折磨。就像其他折磨一样，如果继续追随这样一位暴君，剩下的也只有罪恶的选择了。**那种方法是可以采用的，因为无论它本身多可怕，毕竟还是有重获快乐的可能。**看起来好像没问题，但是作者良好的逻辑思维能力让他没办法这么做。不过，作者的生活中突然出现了一场危机，危机也影响到了那对他来说比生命还珍贵的事物——它们会永远比他的生命更加珍贵，即便他的生命如今已经充满了快乐。——我知道如果我继续吃鸦片，我一定会死的，于是我决定，就算要死，也要死在戒鸦片的路上。那时我一天要吃多少鸦片，我自己也说不清楚，因为鸦片都是一位朋友帮我买的，他后来也不让我给他钱了，这样一来我连自己一年里吃了多少鸦片都无法确定。但我知道我吃得非常不规律：有时候一天吃大概五六十格令，有时候一天吃到150格令。我的首要任务就是将用量减少到40格令、30格令，然后尽快降到12格令。

我成功了，但是，读者们，别以为我受到的折磨就此停歇了，也不要以为我陷入**低落**状态了。这么想我吧：尽管四个月过去了，我还是亢奋、挣扎、悸动、跳跃、破碎的，就好像那些受过拉肢刑的人一样，关于这种酷刑的折磨，我曾在一位最无辜的受害者[1]（他来自詹姆斯一世时期）写的关于这种刑罚的生动文字中读到过。同时，除了一位爱丁堡的著名医生给我开的氨化缬草酊之外，我也没有得到过任何药物治疗。所以，关于我的解放，我给不了多少医疗方面的论述：就算能说上几句，像我这样对医学一无所知的人也只会误导大家。无论如何，这方面的内容都不该出现在这里。这本书的寓意是写给鸦片吸食者的，所以它的用处也就随之限定了。如果鸦片吸食者读完这本书学会了害怕和战栗，那效果就达到了。当然，他也可能说，我的例子至少说明了就算吃了17年的鸦片，其中有8年在滥用鸦片，还是可以戒除的，而他有可能会比我更努力，或者说他的身体比我更好，也就能更加轻松地戒掉鸦片。也许是这样吧，我并不打算用自己的努力去衡量别人的努力，我只希望他也能成功。不过，

---

1. 威廉·利斯戈（William Lithgow），他的书（游记及其他）写得不好，学究气十足，但他关于自己在马拉加受拉肢酷刑的记录却具有压倒性的感染力。

对我而言，还有外部动机在促使着我戒鸦片，但别人却不一定有：对一个因鸦片而头脑衰弱的人来说，单纯基于个人利益的动机可能已经不足以支持他了，这些外部动机为我提供了良心上的支持，这一点是很重要的。

杰里米·泰勒推测，出生也许和死亡一样痛苦：我觉得这是有可能的。在戒除鸦片的整个过程里，我都受着从一种生存状态到另一种生存状态的折磨。这里说的不是死亡，而是一种肉体上的重生：我还可以补充一点，从那以后，即便是处于困难带来的压力之下，我时不时地还能感受到比青年时期更昂扬的精神，如果我不那么快乐，我大概会把那些困难叫作不幸吧。

关于我之前的情况，还有一事值得一提：我的梦境还没有完全平静下来；可怕的膨胀和风暴的躁动还没有完全平息；在梦中驻扎的军队正在撤退，但还没有完全退走；我的睡梦仍然是吵闹骚乱的，就像我们最初的父母离开乐园，远远地回首望向那乐园的大门，它仍旧（用弥尔顿那绝好的诗句来说）——

挤满了可怕的脸庞和躁动的手臂。

图书在版编目（CIP）数据

一个英国瘾君子的自白 /（英）托马斯·德·昆西著; 高焓译. — 北京：商务印书馆, 2023
（伟大的思想. 第二辑）
ISBN 978−7−100−22031−6

Ⅰ. ①一… Ⅱ. ①托… ②高… Ⅲ. ①散文集 — 英国 — 近代 Ⅳ. ①I561.64

中国国家版本馆 CIP 数据核字（2023）第062238号

权利保留，侵权必究。

伟大的思想 第二辑
一个英国瘾君子的自白
〔英〕托马斯·德·昆西 著
高 焓 译

商 务 印 书 馆 出 版
（北京王府井大街36号 邮政编码 100710）
商 务 印 书 馆 发 行
山 东 临 沂 新 华 印 刷 物 流
集 团 有 限 责 任 公 司 印 刷
ISBN 978−7−100−22031−6

2023年9月第1版	开本 787×1092 1/32
2023年9月第1次印刷	印张 47

定价：260.00元（全十册）